ESTRATEGIAS IMPERIALES

El abuso de las matemáticas en el psicoanálisis lacaniano

Aperturas, 1

Josep Maria Blasco

ESTRATEGIAS IMPERIALES

El abuso de las matemáticas en el psicoanálisis lacaniano

EPBCN
EDICIONES

ÍNDICE

Personal Notes from the Author

My first impression was that this would be an easy book to write, but it was not. It turned out to be one of the most difficult assignments that I have ever given to myself. It was difficult, because I made it that way—trying to walk the straight and narrow line, the one that shouldn't be there, because it separates White from Black, trying to keep my balance so that I don't lean in either direction, and always wondering if I faltered while fighting with myself to keep from favoring either side.

I know that I am careful not to tread heavily on the feelings of others. I think that I accomplished that goal without jepordizing the integrity of what I wanted to write. In other words, I didn't let my personal feelings prevent me from saying what I had to say.

We know ourselves, and we know what we are like. All of us are probably in need of some attitude ajustment— we should stop judging people when we don't even know them. We decide on what they are before we know whom they are. We make those decisions based on the differences in our ethnic heritage. It wouldn't take much of a change in ourselves to make us a better people, and thereby, make the world a better place. My opinions will perhaps surprise some, but this is what I think, and this is what I believe.

Seeds of Magnolia, nonfiction, also by Bill Miller
KIRKUS BOOK REVIEW – In Miller's debut histori-cal novel set in the years   just before the Civil War, a Southern family learns to navigate the shifting boundar-ies of race, love and history.

Me movía entre los diabólicos
con la naturalidad del psiquiatra
que se encariña con sus pacientes,
y le parece balsámica la brisa que sopla
en el parque secular de su clínica privada.
Al poco tiempo empieza a escribir
páginas sobre el delirio,
luego
páginas de delirio.
No se da cuenta
de que sus enfermos le han seducido:
cree que se ha convertido en un artista.

Umberto Eco, El péndulo de Foucault

NOTA AL LECTOR PROFANO

Este libro critica determinados textos de psicoanálisis que usan notaciones matemáticas y, por tanto, se ve obligado, en ocasiones, a usar símbolos matemáticos.

En general, hemos procurado evitar las notaciones técnicas todo lo que nos ha sido posible, y hemos intentado confinar a las notas (al pie y en línea) los detalles más especializados. Cuando no quedaba otra opción, se han señalado los párrafos y las notas mediante notas al margen, como sigue:

- Cuando el párrafo o la nota son técnicos, en τ el margen externo se inserta la letra griega «tau»: τ

- Cuando el párrafo o la nota[1] son muy técnicos, en el margen externo se insertan las letras $\mu\tau$ griegas «mi» y «tau»: $\mu\tau$.

- Cuando la nota es bibliográfica, en el margen β externo se inserta la letra griega «beta»: β.

---

[1]Esto es un ejemplo de una nota muy técnica. $\mu\tau$

Hemos añadido también una breve *Guía de lectura para profanos* al principio de cada capítulo, indicando qué partes son más técnicas (además de marcarlas individualmente con notas al margen) y, si se da el caso, incluyendo indicaciones de lectura.

Otras notaciones

Además de notas al pie, utilizamos notas en línea.

> Esto es una nota en línea. Aparece sangrada a los dos lados y con el mismo tamaño de letra, más pequeña que el texto normal, que las notas al pie. En una primera lectura, las notas en línea pueden saltarse, igual que las notas al pie.

Las citas, en cambio, aparecen también sangradas, pero en tamaño normal y letra cursiva. Lo siguiente

> *Las citas, en cambio, aparecen también sangradas, pero en tamaño normal y letra cursiva.*

es una autocita.

Finalmente, las referencias bibliográficas aparecen entre corchetes, así: [20], y remiten a la *Bibliografía*, que se encuentra en la página 155.

INTRODUCCIÓN

Levantar las represiones

Este libro es el resultado de una investigación científica, pero también de una investigación vital. Se suele dar por sentado que una investigación debe presentarse de forma «objetiva», con lo que por lo general se entiende una forma separada meticulosamente de la vida del investigador, que sería «subjetiva» y no debería mezclarse con ella.

Nunca he podido creer en la realidad de pares antitéticos como *objetivo-subjetivo*. Se empieza por separar la vida del trabajo; después se distinguen las Ciencias de las Letras; a continuación, se clasifican las diferentes variedades del conocimiento y se insta a cada uno a ocupar su cubículo, convirtiéndose así en un «especialista» o un «experto». Al final uno ya no entiende nada: excepto en su parcelita, está a merced de los «expertos» de las demás parcelitas. Así se desarticula la sociedad civil y se estropea la capacidad de relacionar y, en última instancia, el pensamiento mismo.

Con lo de parcelar, se sabe cuándo se empieza pero no cuándo se termina: alma y cuerpo, teoría y práctica, normal y perverso, individuo y sociedad... Cada división es una encarnación del poder en uno mismo (*divide et impera*), esto es, una alienación (lo que en mí trabaja para otro) y una represión (de la misma vida, que no sabe de esas fronteras). *El objetivo de un psicoanálisis es levantar las represiones*, decía Freud. Sí, claro, pero ¿qué represiones? ¿Sólo la del Edipo? Así volvemos a parcelar: esto es psicoanalítico y esto no. Y nos quedamos mucho más tranquilos.

Advertencia antibiográfica

Yendo ahora a lo concreto: si una investigación está separada de la vida, no es una investigación, es un acto burocrático. Y si una investigación que lo sea se presenta separada de la vida, se está produciendo un escamoteo. Se hacen aparecer los resultados como caídos del cielo; se elimina el trabajo, tanto intelectual como vital, que siempre yerra y erra, se sumerge y retrocede, aflora, se confunde y se encuentra para después perderse y volverse a hallar una vez más en la incesante transformación de las pulsiones.

Con esta amputación se hace cada vez más difícil para los jóvenes encontrar su propio camino: es que uno pretende no haber recorrido ninguno, encontró sin buscar, no se sabe muy bien cómo. Así se los abandona a la atrocidad: háganse «creativos», incluso «emprendedores», monten una «*start-up*» o generen un «*spin-off*» y, sobre todo, amiguitos, no olviden cuidar de su «marca personal».

Se fortalece, además, la pretensión, apoyada por la inercia ideológica, de una actividad generada consciente y libremente por un individuo, cuando el trabajo es pasión, te toma y obliga, te parasita y transforma, llena tus sueños, termina con tu libertad o es la única libertad, está más allá de lo consciente y lo inconsciente, siempre se genera en interrelación, trasciende la individualidad.

Es por eso que incluyo la siguiente cronología, que no tiene ninguna pretensión autobiográfica. Para que otros que vengan después, si eso les place, puedan, quizá, encontrar en ella lo que no es más que el testimonio de un proceso concreto, sin aspiración de universalidad. Al lector que se sienta reconocido en esas nuestras diferencias, mi hermano, le dedico este libro.

Cronología imprescindible

Nací en 1960. Desde los doce años supe que quería ser matemático. También me hubiese gustado estudiar Teología, Física, Psicología y Literatura,

pero, claro, a la vez no se puede. Me interesaba
todo: mientras intentaba descifrar los secretos de
los tres volúmenes del *Análisis Matemático* de Rey
Pastor, Pi Calleja y Trejo (la *Lemniscata*, la *espiral
de Coriolis*, las *series de Fourier...*), leía también
La interpretación de los sueños de Freud y obras de
Jung y Adler, entre muchos más autores: en casa
de mis padres se respiraba, en ese momento, pasión por la lectura y un interés especial por todo
lo *psi*. A los 14 años escribí,[2] para la asignatura de
Filosofía, un trabajo sobre Lógica [8] basado en *La
lógica simbólica* de Agazzi [1]; a los 15, leí los *Fundamentos de la sociometría* de Moreno [72] y, con
unos compañeros, preparamos un sociograma, para
la misma asignatura; a los 16, escribí un trabajo
sobre *El arte de amar* de Fromm [9].

Con 17 años, empecé a estudiar Matemáticas en
la Universidad de Barcelona (UB). La carrera era
muy decepcionante: francamente aburrida, muchos
profesores eran mediocres y la mayoría de las materias, demasiado fáciles, no tenían interés alguno
para mí. Lo único que me llamó la atención fue el
primer semestre de la asignatura *Cálculo Numéri-
co*: nos enseñaban a programar en PL/I.[3] Pedí el
manual, lo fotocopié, y lo leí entero muchas veces,

---

[2]Con una máquina de escribir, y en notación polaca.

[3]Un lenguaje de programación desarrollado por IBM que
en aquel momento era muy completo y avanzado.

hasta dominar completamente el lenguaje. Al terminar el curso, el profesor, Joan Llopart,[4] me dijo que era muy poco habitual encontrar a alguien con tanta capacidad, y me nombró colaborador del Laboratorio de Cálculo de la UB, para que pudiese seguir usando el ordenador durante toda la carrera (sin ese nombramiento no hubiese podido volver a utilizarlo hasta quinto año).

A partir de 1980, me encargué de adaptar una cinta con el compilador de PASCAL P4,[5] llegada del ETH[6] de Zúrich, para nuestro IBM 360/40, el único ordenador que en aquel momento tenía la Universidad: el resultado fue el primer compilador de Pascal de la UB.[7]

Esa adaptación, realizada durante dos años, en mi tiempo libre, sin remuneración, ni jefes, empleados o plazos de entrega, me dio una visión radical, a una edad muy temprana, de lo que era un trabajo no alienado. Desde entonces me ocupé, entre otras cosas, de no tener que cumplir nunca más un horario: había aprendido que se es más productivo en un fin de semana, cuando se tienen ganas en serio,

---

[4]Joan LLOPART era también responsable de Sistemas del Laboratorio de Cálculo de la Universidad de Barcelona.

[5]PASCAL era un lenguaje de programación inventado por Niklaus WIRTH.

[6]La suiza *Eidgenössische Technische Hochschule Zürich.*

[7]Se encontrará una descripción mucho más detallada de esa implementación en *El compilador de Pascal P4* [7].

que en un mes entero de horario de oficina cuando sólo se asiste por cumplir.

Otro acontecimiento que cambió mi vida fue conocer a Ángel. Ángel era un compañero de carrera, muy poco dotado para las matemáticas, pero gran lector de Freud. Intercambiábamos libros: Freud, Reich, Maslow...; discutíamos acerca de sus diversas interpretaciones y, cerca de 1980, empezamos a leer juntos a Lacan.

El primer Seminario era deslumbrante, todo novedad: el psicoanálisis de siempre, visto ahora de una manera completamente distinta. Mi amigo también estaba entusiasmado: me devolvía los ejemplares de los Seminarios que yo le prestaba llenos de anotaciones, subrayados y signos de admiración. Todavía los conservo.

Cuando cayó en mis manos el Seminario XX, *Aun* [61], me encontré con multitud de referencias a las matemáticas y a la lógica: Lacan escribía «la formalización matemática es nuestra meta, nuestro ideal». *¡Mis dos grandes intereses, juntos!* Creo que es el libro más estropeado que tengo, de tanto leerlo; puedo recordar de memoria párrafos enteros. Desde ese momento, empecé a leer todo lo que podía encontrar sobre Lacan. Estaba absolutamente fascinado.

En 1982, terminé la carrera y estuve un año dando clases en la Facultad de Informática de Barcelona (UPC[8]), donde además cursé estudios de Doctorado hasta 1986. A principios de 1983 me contrataron en el Centro de Cálculo de la UB, e hice evolucionar mi adaptación del compilador de Pascal hasta convertirla en el Lenguaje de la Universidad de Barcelona (UBL[9]) [10, 11], que se utilizó durante varios años como herramienta para la enseñanza de la programación en la UB [2, 25, 94, 95]. Entre 1986 y 1987 me encargué también, oficiosamente, de gran parte de la red interuniversitaria EARN en España,[10] predecesora de Internet en ámbitos académicos. En 1987, fui contratado por la empresa semipública de investigación alemana GMD[11] para llevar el nodo central de la red en Bonn, en aquel momento la capital germana y el centro de la red en Europa.[12]

---

[8]Iniciales de «Universitat Politècnica de Catalunya».

[9]Iniciales de «University of Barcelona Language».

[10]Las siglas corresponden a *European Academic and Research Network*, la contrapartida europea de la norteamericana BITNET y otras. En aquel momento, esa combinación de redes constituía la red global académica más importante del mundo.

[11]Iniciales de *Gesellschaft für Mathematik und Datenverarbeitung*.

[12]Mi trabajo en la red EARN está documentado en el libro de Andreu VEÀ *Cómo creamos internet* [97] y en *Sobiranía.cat* de Saül GORDILLO [48]. Pueden consultarse también en línea la entrevista realizada por el Dr. VEÀ para la WiWiW (*Who is Who in the Internet World*) [26] y la versión

En el año 1989, asistí a unos cursos de verano de psicoanálisis. *¡El profesor tenía una versión pirata del Seminario inédito* La lógica del fantasma *[65]!*[13] Imploré que me lo prestase, y preparé, a petición suya, un trabajo sobre los aspectos matemáticos del texto. En el año 1991, empecé mi análisis y mis estudios formales de psicoanálisis; y en 1992, pronuncié mi primera conferencia de psicoanálisis, *«El estadio del espejo: introducción a la teoría del yo en Lacan»* [12], que fue publicada en 1993 [5].

A medida que profundizaba en mis estudios, las continuas referencias de Lacan al Álgebra, la Topología, la Lógica y la Teoría de Conjuntos se iban haciendo menos claras. Me quedaba, desde luego, la esperanza de que existiese un Seminario que todavía no hubiera leído y que aclarase definitivamente las cosas, pero ese Seminario parecía eludirme permanentemente.

Además, los encargados de explicar los textos de Lacan no tenían ni la más remota idea de qué hacer con esas referencias. Esquivaban las preguntas al respecto con respuestas enlatadas, lemas más o menos manidos y burdos intentos de manipulación transferencial: era patente que estaban incómodos.

Los textos de los lacanianos tampoco añadían nada al embrollo, sino que contribuían a hacerlo

---

aparecida en *Cómo creamos internet* [27].

β [13]La versión citada como referencia es posterior (2008).

más críptico y más oscuro: estaban llenos de errores groseros y extrapolaciones injustificables. La argumentación daba paso a una asociación libre de muy poco calado, llena de un coqueteo analogizante de un brillo tan pretencioso como efímero.

Cansado de la falta de respuestas, al empezar el milenio decidí ampliar mi formación en Lógica y Fundamentos de las Matemáticas, y comenzar mis estudios de Doctorado sobre ese tema en el departamento de Lógica, Historia y Filosofía de la Ciencia en la Facultad de Filosofía de la Universidad de Barcelona. Hacía años que no estudiaba en la Universidad, y quería hacerlo bien: compré varios libros de Lógica (Boolos [30], Hughes & Cresswell [51], Grattan-Guiness [49], Van Heijenoort [50], Rucker [86], Moschovakis [74], Frege [44] ...) y, para ponerme al día, pasé todo el verano leyéndolos. Todavía pensaba que podría encontrar un sentido a lo que había leído con tanta pasión durante tantos años.

Así empezó a gestarse este libro. Leer a los lógicos era otra cosa: estaba todo repleto de argumentaciones, muchas veces magníficas; las discusiones eran siempre civilizadas: no había «traidores», ni «desvíos»; estaban desterradas las descalificaciones *ad hominem*, etcétera. Esa gente pensaba en serio e intercambiaba en serio, justo lo contrario de la impresión que transmiten muchos de los textos psicoanalíticos actuales.

En 1996, había dado los primeros pasos para la fundación del EPBCN, el Espacio Psicoanalítico de Barcelona; en 2000 Juan Carlos De Brasi se incorporó para codirigirlo conmigo; en 2002 iniciamos un Seminario sobre la obra de Lacan que propició la continuación y la maduración de una aproximación crítica que tiene en este libro una de sus producciones. Mientras tanto, proseguía mis estudios de Doctorado.

A medida que estudiaba Lógica donde se debe, es decir, con lógicos profesionales, la poca ilusión que me quedaba de que este aspecto de la literatura lacaniana tuviese sentido se iba desvaneciendo sin remedio. En 2009, mientras visitaba Buenos Aires con mi entonces compañera, la psicoanalista Norma Cirulli, cayeron en mis manos los dos volúmenes de *Lacaniana*, una colección de resúmenes de los seminarios de Lacan dirigida por Moustapha Safouan. La cantidad de errores era tan brutal, especialmente en el segundo volumen [87], que me sentí obligado a escribir un artículo, *Setenta y cinco años no es nada* [14], denunciando algunos de ellos. Visto en perspectiva, ese artículo era el anuncio y el primer resultado de un programa de investigación que continúa hasta el momento.

En el año 2013, preparé *Y Lacan lo formal izó* [20] y «*Cualquier persona educada; un dichoso azar*» [18] para las XIII Jornadas del EPBCN; en 2014, para las XIV Jornadas, escribí *Estricturas en psicoanáli-sis* [22]; en 2015 presenté *En términos lógicos* [23] a las XV Jornadas.

Contenido y estructura

Este libro recoge todos esos textos, sobre los que se han introducido las modificaciones mínimas imprescindibles para hacer transitable su lectura conjunta, aparte de algunas referencias cruzadas y otras pequeñas mejoras de detalle. *Setenta y cinco años no es nada* se incluye al final como testimonio histórico y programático,[14] y los demás se presentan en orden cronológico. Las respectivas introducciones han sido substituidas por esta introducción de conjunto; además, se han añadido una *Nota al lector profano*[15] al principio del libro, sendas *Guías de lectura para profanos* en cada capítulo, para facilitar la lectura del lector no versado en Matemáticas o Lógica, y las correspondientes *Presentaciones*, que incluyen también material bibliográfico y de referencia.

El capítulo 1, *Y Lacan lo formal izó*,[16] aborda el mito, reiterado en infinitas variantes, de que Lacan «formalizó» a Freud. Se examinan después las

---

[14]P. 127.
[15]P. xiii.
[16]P. 1.

consecuencias éticas y políticas de la pretensión de existencia de esa «formalización».

El capítulo 2, «*Cualquier persona educada; un dichoso azar*»,[17] se dedica a examinar las dos expresiones que componen su título. La primera la extraemos de *La obra clara* de Jean-Claude Milner [69], y la segunda de un artículo de Dominique Simonney dedicado al estudio del Seminario 19 de Lacan, titulado «*...o peor*» [67]. La expresión de Milner revela estar al servicio de una meticulosa estrategia de amilanamiento intelectual universal; la de Simonney nos introducirá a un nuevo sofisma especialmente pretencioso y propio del lacanismo.

El capítulo 3, «*Estricturas en psicoanálisis: incontaminado, riguroso, virginal, estrecho*»,[18] critica el uso demasiado frecuente de expresiones como «puramente psicoanalítico» y «estrictamente psicoanalítico». Se investiga la extraña predilección del psicoanálisis por la pureza, antaño cortejada por la religión; se debate sobre el uso realizado por Lacan y otros del Teorema de Stokes, y queda tiempo para ocuparse de las sorprendentes afirmaciones de que tanto el budismo Zen como la relajación son «psicoterapias» que «desembocan en una identificación».

---

[17]P. 27.
[18]P. 51.

El capítulo 4, *En términos lógicos*,[19] se emplea en casi toda su extensión para analizar un texto publicado en la web por Julio Ortega Bobadilla: *Lacan racionalista*. El texto es interrogado desde lo que pretende ser, y minuciosamente deconstruido, hasta desvelar que es algo completamente distinto de lo que aparentaba.

El capítulo 5, titulado *Setenta y cinco años no es nada*,[20] comienza con una larga cita de Freud, y compara determinadas afirmaciones freudianas de 1933 con cierta propaganda distribuida por un organismo universitario setenta y cinco años más tarde y con unos fragmentos del segundo volumen de *Lacaniana*. Se observa que los años pasados desde que Freud escribiera las *Segundas conferencias* no han sido aprovechados para mejorar la inserción del psicoanálisis en la cultura, sino todo lo contrario.

Agradecimientos

Mi primer agradecimiento se dirige a los lógicos y matemáticos, vivos y muertos: me enseñaron a pensar más que la mayoría de los psicoanalistas vivos. En particular, a los excelentes profesores de los cursos de Doctorado, y al director de mi inconclusa

---

[19]P. 83.
[20]P. 127.

tesis, Joan Bagaria,[21] que ha tenido la amabilidad de revisar diversas versiones de los manuscritos originales, por su cuidadosa lectura y sus valiosísimas indicaciones, algunas de las cuales han sido recogidas en nuevas notas al pie.

Desde el lado analítico, este trabajo debe gran parte de su fuerza al aliento hallado en la intensa y continuada labor crítica desplegada en la diversidad con Juan Carlos De Brasi, especialmente en el *Seminario sobre la obra de Jacques Lacan* del EPBCN; que el sentido crítico sea percibido como un soplo de aire fresco es una clara indicación de la grave esclerosis que sufre el psicoanálisis contemporáneo.

Fabián Ortiz proporcionó el listado de cosas «no psicoanalíticas» que hacía Freud con el Hombre de las Ratas y la cita de Suzuki; Enric Boada aportó las citas de Huai-hai, Bashō y el Ts'ai Ken T'an de Tzu-Ch'eng; Carles Fabregat ayudó a perfeccionar el diseño de la colección entera; Mariano Castro aportó una minuciosa serie de detallados comentarios y sugerencias, y Pilar del Rey realizó la excelente corrección final.

---

[21] Joan BAGARIA (Manlleu, 1958) es profesor investigador de ICREA (Institució Catalana de Recerca i Estudis Avançats), asesor científico del director de ICREA y director del grupo de investigación barcelonés en Teoría de Conjuntos (BCNSETS).

Las siguientes personas han leído uno o más de los textos originales, y han contribuido a hacerlos mucho mejores con sus críticas, sugerencias y añadidos: Laura Blanco, Enric Boada, Daniel Cañero, Fabián Ortiz, Eva Rodríguez y Carles Udina. Las pruebas del libro fueron cuidadosamente revisadas por Carlos Carbonell, Mariano Castro, Norma Cirulli, Deborah Erkoreka, Silvina Fernández, Irene Martín, Mª del Mar Martín, David Palau, Olga Palomino y Pilar del Rey.

A Norma Cirulli, que me acompañó durante muchos años, le quiero agradecer su amorosa dedicación, su paciente escucha, y la tranquilidad que me ofreció, especialmente en las largas y pausadas conversaciones que solían tener lugar al atardecer en su deliciosa casita ibicenca, para que pudiese ir desplegando las consecuencias de lo que aprendía.

Por último, quiero agradecer especialmente a mis compañeros del equipo docente del EPBCN, los psicoanalistas Juan Carlos De Brasi, Silvina Fernández, Mª del Mar Martín, Fabián Ortiz y Olga Palomino, por su afectuosa cercanía, su inquebrantable confianza y su esmerada interlocución. Sin su amistad y su paciente y cuidadosa compañía mi vida sería muy otra y este libro no hubiese sido posible.

CAPÍTULO 1

Y LACAN LO FORMAL IZÓ

Guía de lectura para profanos

Aparte de algunas notas al pie, este capítulo es menos técnico de lo que puede parecer de entrada. Quizá la parte que requiere más conocimientos sea la sección 1.3, El aspecto semántico, en la página 12, de la que se leerán sin embargo con facilidad los párrafos primero y último.

Presentación

La tesis central del capítulo es la siguiente: no existe una cosa tal como la «formalización del psicoanálisis». Exploramos también las posibles confusiones entre «formalización» y «formulación», y resaltamos las consecuencias éticas y políticas de esa pretensión de existencia.

Este capítulo está basado en la ponencia del mismo título presentada a las XIII Jornadas Psicoanalíticas del EPBCN, tituladas *Aperturas en psicoanálisis II.*[1]

---

[1]La ponencia fue escrita en Barcelona entre los meses de marzo y abril de 2013, presentada el domingo 12 de mayo de 2013 y publicada ese mismo mes en formato PDF [20] y en formato HTML [21] en la sección *Textos para pensar* de la web del EPBCN [92].

1.1 «La formalización matemática es nuestra meta»

En el Seminario 20 de Lacan, titulado *Aun*, encontramos lo siguiente [61, p. 144]:

> *La formalización matemática es nuestra meta, nuestro ideal.*

La publicación muy temprana (1975 en Éditions du Seuil) de ese volumen del Seminario generó una enorme expectativa: Lacan estaría «formalizando» el psicoanálisis, pues, siguiendo el «ideal» de las matemáticas; en otros lugares de su obra hay frecuentes alusiones a la lógica, y menciones a lógicos y matemáticos destacados, como Frege, Cantor o Russell. ¿Tuvo éxito la empresa lacaniana? ¿Se produjo efectivamente esa «formalización»?

Aparentemente, sí. Al menos es lo que se deja leer en determinados círculos académicos relacionados con el psicoanálisis lacaniano. Por ejemplo, en 2012, Isabelle Morin, en la web de la Universidad Nacional de Colombia [73], escribe

> *Freud inventó una práctica [...] y Lacan formalizó un discurso [...],*

y en un artículo sin fecha de la Universidad Nacional de La Plata titulado «*Psicoanálisis y ciencia.*

Formalización» [100], Viviana L. Zubkow, de la Facultad de Psicología de la argentina Universidad Nacional de Rosario, escribe:

> *[Lacan] formaliza el concepto de [inconsciente] inventado por Freud.*

Lo que nos llama la atención en estas dos citas, escogidas al azar entre muchas otras del mismo tipo, es lo que parece repetirse: Freud «inventó» el psicoanálisis, y Lacan «lo formalizó». Por eso no nos sorprenderemos al encontrar en *Žižek on Lenin* [99] la siguiente frase de Žižek:[2]

> *Lenin [...] «formalizó» a Marx, [...] del mismo modo que San Pablo «formalizó» a Cristo, y Lacan «formalizó» a Freud.*

Si ahora acudimos a un texto más antiguo, las «Conferencias caraqueñas» de Miller [68, p. 46], que se publicaron por primera vez en 1984, leemos

> *Lacan intentó formalizar la estructura que sostiene la fenomenología de la experiencia analítica,*

y poco después «*Es una hazaña [...]*», y no se ve en qué podría ser una hazaña el intento si éste no

---

[2]Traducción propia.

hubiera tenido éxito, con lo que se da a entender que lo tuvo, es decir, que Lacan *consiguió* dicha formalización.

Parece pues indudable que existe una corriente de opinión, difundida en ciertos círculos académicos y filosóficos, que sustenta lo siguiente:

Lacan formalizó a Freud

o, lo que es similar,

Lacan formalizó el psicoanálisis [que Freud «descubrió» o «inventó»]

o, en su versión completa,

Freud inventó el psicoanálisis, y Lacan lo formalizó.

Esta es la frase-problema que queremos examinar críticamente a partir de aquí; no olvidemos que, cuando se habla de formalización, estamos hablando de «formalización matemática», al menos como «meta» o «ideal», y en esto seguimos al mismo Lacan.

1.2   La formalización matemática

Ahora bien, ¿qué es la «formalización matemática»? La Wikipedia en lengua inglesa[3] presenta dos acepciones de «formalización» [42], según las cuales puede ésta referirse o bien a 1) un sistema formal (en Lógica formal), o bien a 2) un proceso que mejora la burocracia (en sociología). Es claro que la segunda acepción no nos interesa; atengámonos pues a la primera. ¿Y qué es un *sistema formal*? La misma fuente [41] nos informa: «*cualquier sistema de pensamiento abstracto bien definido basado en el modelo de las Matemáticas*».[4]

En Matemáticas, un sistema formal F consiste en los siguientes elementos:[5]

1. Un conjunto de símbolos, denominado el *alfabeto* de F, que se puede usar para construir fórmulas (es decir, secuencias finitas de símbolos).

---

[3]No vamos a necesitar nada más sofisticado que la Wikipedia, ya que el debate, desde el punto de vista matemático, no pasará en ningún caso de lo más elemental. Escogemos la de lengua inglesa por ser en estos temas la más fiable y completa.

[4]La traducción es propia.

[5]Parafraseo [41], traducción y ejemplos propios; similares definiciones pueden encontrarse en cualquier texto básico de Lógica.

Por ejemplo, para formalizar los números naturales con la suma, los símbolos podrían ser los diez dígitos, las letras
minúsculas, los operadores «+» e «=» y
los paréntesis «(» y «)». Con esos símbolos se podrían construir fórmulas como
«2 + 2 = 4» o «$n + 0 = n$», pero también
«()()() + +», que, intuitivamente hablando, no quiere decir nada. Es por ello que
también precisamos de:

2. Una *gramática*, que nos indica cómo se construyen las *fórmulas bien formadas*. Usualmen-
te se requiere que exista un procedimiento
efectivo para decidir si una fórmula está bien
formada o no.

Así, la gramática nos permite discri-
minar qué fórmulas están bien formadas,
es decir, tienen la forma correcta; por ejemplo, la última del ejemplo anterior no la
tiene. A partir de aquí trabajaremos sólo
con fórmulas bien formadas.

3. Un conjunto de *axiomas* o *esquemas de axioma*: cada axioma debe ser una fórmula bien
formada.

Un axioma podría ser,[6] por ejemplo
$n + 0 = n$, o $n + m = m + n$.

---

[6]Técnicamente, los dos ejemplos mostrados necesitan tomarse en su *clausura universal* para ser propiamente axio-

τ

4. Un conjunto de *reglas de inferencia*, que permite generar nuevas fórmulas a partir de axiomas o de inferencias anteriores.

> La regla de inferencia más conocida es el llamado *modus ponens*: si partimos de P y también de $P \implies Q$ («P implica Q»), podemos obtener Q, lo que puede simbolizarse así:
>
> $$\frac{\begin{array}{c} P \\ P \implies Q \end{array}}{Q}$$
>
> En nuestro ejemplo anterior, el sistema de reglas de inferencia debería permitirnos derivar $0 + n = n$ a partir de $n + 0 = n$ y $n + m = m + n$.[7]

Si ahora examinamos el sistema[8] de los llamados «matemas» lacanianos a la luz de la anterior definición, encontramos que:

---

mas, es decir,

$$(\forall n)(n + 0 = n)$$

y

$$(\forall n)(\forall m)(n + m = m + n);$$

hemos omitido la cuantificación explícita para aligerar la notación.

[7]Trivialmente a partir de las reglas de la igualdad.

[8]Suponiendo que sea un sistema, cosa que no creemos en absoluto. Pero sin la dimensión sistemática es imposible la formalización, de modo que vamos a seguir adelante con nuestra suposición.

1. *Parece* existir un conjunto finito de símbolos; estos serían, por ejemplo, a, el «objeto a»; S_1, el «significante unario», y su pareja S_2; $\not{S}$, el «sujeto barrado»; $\lozenge$, la relación «deseo de»; y así sucesivamente. Decimos «parece» porque no existe una definición formal de ese conjunto finito; Lacan da la impresión de ir añadiendo símbolos sobre la marcha, a medida que los necesita.

> Jacques-Alain Miller, por su parte, se precipita, poco después de la muerte de Lacan, a «emprender la búsqueda de un significante que escriba en la teoría de Lacan el superyó» y propone usar Φ_0, al que denomina «el falo índice cero» [68, p. 146].

2. En cuanto a cuáles son las fórmulas bien formadas, nada sabemos. Por lo visto, $\not{S}\lozenge a$, la llamada «fórmula del fantasma», es una fórmula válida, como lo es $\not{S}\lozenge D$, la «fórmula de la pulsión», pero nada nos dice cuál es el criterio (el «procedimiento») para saber si una combinación finita de símbolos está o no bien formada. ¿Quiere decir algo, en la «formalización» lacaniana, la expresión $\lozenge\lozenge\lozenge$, tiene sentido $DaDa$? No lo sabemos; o, mejor dicho, sí que lo sabemos: en la obra de Lacan no aparecen esas combinaciones, y *por tanto*, no son

expresiones válidas. Se notará que aquí se ha substituido un *procedimiento* por un *listado*;[9] sólo en un sentido lato éste puede asimilarse a aquél.

3. En cuanto a los axiomas, sean esquemáticos o no, no hay nada; es que tampoco hay reglas de inferencia: no tenemos ninguna manera de transformar un conjunto de fórmulas en otra fórmula nueva.

Está claro que el sistema lacaniano de los matemas no constituye un lenguaje formal, pero Lacan explicita, ya lo hemos visto, que la formalización no es más que una «meta», un «ideal»; quizá haya otros aspectos en los que ese sistema haya alcanzado un cierto grado de formalización.

1.3 El aspecto semántico

Como ya mencionamos, la llamada «fórmula del fantasma» se escribe $\$\lozenge a$ y se lee «sujeto barrado deseo de a»; aquí $\$$ y a están en el lugar de lo que usualmente se denomina *operandos*, y $\lozenge$ en el lugar

---

[9]Listado que además estaría por hacer, y que dependería de los caprichos del albacea literario de LACAN en sus «únicas ediciones autorizadas».

del *operador*.[10] Ahora bien, ¿qué es un operador? El ejemplo más conocido de operación es la suma. Por ejemplo, cuando escribimos $2+3$, $+$ es el operador, 2 y 3 son los operandos, y la *operación*, es decir, el resultado del cálculo efectivo de la suma, es el número 5, lo que nos permite escribir la igualdad $2+3=5$.

> En términos generales, un operador puede τ
> ser *monario* (por ejemplo, el cambio de signo),
> *binario* (como la suma) o *n-ario* para cualquier
> $n > 2$; $\Diamond$, por ejemplo, siempre aparece, sintác-
> ticamente, como un operador binario.

Pero además, para que un operador esté lo que se denomina *bien definido* tenemos que conocer:

---

[10]LACAN lo denomina de muchas maneras; a veces lo lla- τ
ma «relación». Puesto que toda relación $R \subseteq A \times B$ puede
verse como un operador

$$R' : A \times B \to \{0,1\},$$

donde

$$R'(x,y) = 1 \longleftrightarrow \langle x,y \rangle \in R,$$

para fijar la discusión nos centraremos en tomar $\Diamond$ como un operador. Todos los argumentos expuestos pueden trasladarse con facilidad al caso en que consideremos $\Diamond$ como una relación, lo que dejamos como ejercicio para el lector.

1. El *dominio* del operador: los n conjuntos sobre los que éste opera.[11]

   > Por ejemplo, la suma que se aprende
   > en los colegios suele operar, a medida que
   > se progresa en el estudio, sobre los núme-
   > ros naturales, los enteros, los racionales,
   > los reales y los complejos. También hay
   > nociones de suma para vectores, etcéte-
   > ra.
   >
   > Cada una de estas operaciones es dis-
   > tinta de la anterior, aunque algunas de
   > ellas puedan ser *inyectadas* en otras.

2. Entre estos conjuntos pueden haber, desde
   luego, determinados elementos distinguidos
   con nombres especiales; a estos nombres se
   les denomina *constantes*.

   > Por ejemplo, entre los números reales,
   > π y e son constantes.

3. El *grafo* del operador o, en términos más coloquiales, el *resultado* de la operación para cada
   par[12] posible de valores del dominio.

   > El *grafo* puede ser descrito exhausti-
   > vamente, para el caso de dominios finitos,
   > o ser especificado mediante un procedi-
   > miento.

---

[11]Donde n es la *aridad* del operador.

[12]En términos generales, para cada n-tupla.

> En el caso de los conjuntos infinitos, como los números naturales, se hace necesario el procedimiento, ya que la descripción exhaustiva sería imposible, por ser infinita. Cuando se *aprende a sumar* en el colegio se está aprendiendo uno de estos procedimientos.

Además, habitualmente se admite el uso de *variables*, que permiten escribir fórmulas generales, como cuando escribimos la propiedad conmutativa de la suma así:

$$m + n = n + m.$$

Esas variables pueden ser substituidas por los correspondientes valores del dominio.

Si ahora centramos nuestra atención en el supuesto operador $\Diamond$, observamos enseguida que no cumple ninguna de las anteriores condiciones. En primer lugar, no sabemos si $\mathcal{S}$ o a (o D, para la fórmula de la pulsión) son constantes o variables; tampoco sabemos nada sobre el dominio de $\Diamond$; pero, y esto es lo más importante, no hay definición alguna del *grafo*, es decir, se trata, por lo visto, de un operador que *no opera*, puesto que no hay *operación*, es decir, lo que tradicionalmente se llama el *resultado* de la operación.

Es decir, y *en términos matemáticos* («nuestra meta, nuestro ideal»), la llamada «fórmula del fantasma» no significa nada. Entiéndasenos bien: no

significa nada *para el psicoanálisis mismo*, si la to-
mamos como una «fórmula» perteneciente a una
supuesta «formalización». Si quiere tomársela como
una regla mnemotécnica, como una abreviación, como un ayuda-memoria, etcétera, no tenemos nada
que objetar;[13] pero desde luego no es una «operación», porque nada «opera» ahí.

1.4   Formulación y formalización

Es cierto que existen fórmulas en las que no
intervienen operador ni relación algunos, por ejemplo, algunas fórmulas químicas: la fórmula de la
molécula de agua es H_2O y ahí no hay ningún operador;[14] quizá haya que leer $\$\Diamond a$ como una fórmula
química, lo que entonces nos daría algo así como «el
fantasma *está compuesto* de sujeto barrado, deseo y
objeto a». Tampoco es una mala interpretación, pero queda desautorizada por el hecho de que Lacan
se refiere en numerosas ocasiones a $\Diamond$ como a una

---

[13]No teníamos nada que objetar cuando escribimos la
ponencia que da origen a este capítulo; hoy podemos decir algunas cosas más sobre la cuestión. *Cfr.* la subsección
«*Cobardías variadas, y el compromiso ontológico*» en la
p. 112.

[14]Aunque esto mismo se podría discutir, en cierto modo:
el subíndice 2 denota la presencia de dos átomos de hidró-
geno, y la concatenación simbólica denota la composición
molecular.

relación.[15] Y además, en cualquier caso, con una interpretación de este estilo hemos abandonado por completo el reino de la «formalización matemática», además de confundir *formulación* (como cuando se dice «fórmula magistral») y *formalización*.

1.5 Contingencia de las notaciones

En los sistemas formalizados, las notaciones son absolutamente contingentes. Por ejemplo, la escuela de Lógica polaca de Łukasiewicz denotaba la conjunción lógica, que modernamente se escribe

$$p \longrightarrow q,$$

mediante un operador prefijo llamado K (del polaco *koniunkcja*, conjunción), así:

$$Kpq.$$

Sin embargo, la notación lacaniana no es contingente: Lacan mismo dio instrucciones para que sus traducciones al castellano dejasen inmodificada la A mayúscula que designa al «gran Otro» (en francés «*grand Autre*», de ahí la A), lo que en última instancia puede reducirse a una preferencia perso-

---

[15]Por ejemplo, en el seminario *La lógica del fantasma* [65].

nal e incluso a una cuestión de estilo;[16] pero cuando encontramos expresiones como:

> *Introduzco en el pizarrón el par or-*
> *denado, que, como sabe seguramente mi*
> *interlocutor, se escribe por ejemplo así,*
> $< S_1, S_2 >$. *Estos dos signos,* $<$, *y* $>$,
> *resultan por un buen azar ser las dos*
> *partes de mi rombo cuando se juntan*
> *[...]* [63, p. 66]

vemos que estamos muy lejos de la «formalización matemática»: los signos, en Matemáticas, además de ser contingentes, y entre otras razones precisamente por ello, no están compuestos de «trozos» en ningún caso,[17] ni se rompen ni se pegan; además, e incidentalmente, los pares ordenados se encierran entre *paréntesis angulares*, no entre $<$ y $>$: es la diferencia entre $\langle S_1, S_2 \rangle$ y $< S_1, S_2 >$. Pero, claro, Lacan no tenía por qué saberlo, o bien, y más probablemente, todo el asunto le importaba un bledo.

---

[16]Curiosamente, la vertiente anglosajona del lacanismo no sigue este principio, lo que les anima a embarcarse después en toda una serie de juegos que le son propios, como «*(m)other*» o «*(w)hole*».

[17]La referencia al «buen azar» tiene también su miga. Nos ocuparemos de este y de otro azar, en ese caso «dichoso», en el próximo capítulo (p. 45).

1.6 De la asociación libre y las estrategias imperiales

Porque Lacan, se ve con claridad, no está haciendo Matemáticas, sino que le va dando incesantemente vueltas a lo que produce, y no se ahorra ninguna libertad asociativa. El rombo $\lozenge$, que a veces llama «mi punzón», se rompe en la primera clase de *La lógica del fantasma* [65] por la mitad verticalmente para dar $<$ y $>$, y horizontalmente para dar $\wedge$ y $\vee$;[18] en otra clase del mismo seminario, el «punzón» se abre para dar la letra «W»;[19] en otro lugar [57, p. 217] los operadores lógicos adquieren flechitas «vectoriales» en sus extremos antihorarios; etcétera.

Igualmente, el nudo borromeo es a veces tridimensional y a veces plano, caso este último en que se aprovecha para usarlo como un diagrama de Venn; a veces el borromeo es el punto de partida de ingeniosas geografías de lo psíquico [53], en las que encontramos repartidos los conceptos de inhibición, síntoma y angustia...

En este aspecto no hay nada que reprocharle; al contrario, es encomiable su facilidad para la aso-

---

[18]Los operadores lógicos de la conjunción y la disjunción, etiquetados con la extraña leyenda «incluido ó *[sic]* excluido».

[19]Clase 2 del 23 de noviembre de 1966.

ciación; sin asociación libre es imposible pensar, y es evidente que él no para de pensar, piensa a todo vapor. Pero el asunto no es ese: el asunto es si lo que hace merece el nombre de «formalización matemática», y creemos haber dejado más que claro que no tiene ningún merecimiento para ser denominado así.

> Dicho sea de paso, y esto requeriría una prueba que no tenemos espacio para desarrollar aquí, tampoco lo que denomina su «Lógica» es ninguna Lógica, ni su «Topología» es ninguna Topología.

De todos modos, cada cual es libre de hacer lo que quiera, de llamar a las cosas como le dé la gana, y de divertirse de la manera que le parezca más conveniente. Mi impresión es que Lacan se lo pasaba en grande con las cosas que hacía: cuando dice «Todos saben que la letra A es una cabeza de toro invertida [...]» [66, p. 17], uno no puede más que pensar en sus conexiones con los surrealistas.

En este sentido, al psicoanálisis no lo formaliza, sino que simplemente lo formal iza: levanta y ondea incesantemente la bandera de la formalización, con lo que sin duda, vistos los efectos, consiguió enfervorizar a sus huestes, cosa que continúa hasta el día de hoy,[20] como lo demuestran nuestras primeras referencias.

---

[20] SOKAL y BRICMONT dieron buena cuenta de esta fu-

El problema es que esas huestes le han toma-
do *mortalmente en serio* (la «hazaña» de Miller),
muchas veces por ignorancia supina y otras no tanto, es decir, pura y simplemente para mantener su
propio negocio.

Esto último es de enorme importancia, porque:

1. *Autoriza un robo*, el de la palabra «freudiano»
   en la expresión «Campo Freudiano». En efecto, *si fuese cierto* que Lacan formaliza a Freud,
   entonces la verdad del discurso de Freud habría sido expresada, aclarada, desvelada, por
   Lacan, y entonces sería también irreprochable
   (¿no es cierto?) llamar freudiano a un campo
   que en realidad no es otra cosa que *lacaniano*.
   Por una inversión colosal, aparece como mo-
   destia («sí, ya sabemos, el que lo formalizó
   es Lacan, y en este sentido es el campo lacaniano, claro, pero el pobre viejo Freud, ya que
   lo inventó, bien se merece el homenaje que le
   hacemos al ponerle su nombre») lo que no es
   más que una gigantesca *estafa intelectual*.

2. *Sostiene una estrategia imperial*, por la que se
   termina creando una Asociación Mundial de
   Psicoanálisis, en competencia directa con la

---

nesta manía, que no sólo se limita a LACAN, con la muy
apta denominación de *fashionable nonsense* [89].

Asociación Psicoanalítica Internacional. Lacan ya no es un autor más, aunque pudiese ocupar un lugar muy destacado dentro de la historia del psicoanálisis, sino que es un autor *imprescindible* para entender a Freud, ya que lo *formaliza*. «Igual que Frege hace pivotar la lógica aristotélica al formalizarla», quiere la cantinela, «Lacan realiza una operación similar con Freud». Entonces el psicoanálisis lacaniano ya no es una variante, quizás muy importante, del psicoanálisis *in toto*, sino que es *el psicoanálisis mismo*, y por esa razón no es necesario ponerle a la asociación el nombre que debería, si acaso, y de haber sido honestos al buscárselo, llevar: Asociación Mundial de Psicoanálisis *Lacaniano*.

3. En consonancia con esto último, *alienta una estrategia de desprecio de las otras corrientes psicoanalíticas*, que aparecerán como «extravíos», «desvíos», o simplemente «sandeces»,[21] mientras que el lacanismo, que se presenta

---

[21]El viernes 15 de marzo de 2013 se celebró en el Aula Magna de la Facultad de Filosofía de la Universidad de Barcelona la presentación del libro de Pierre BRUNO *Lacan, pasador de Marx*. El correo electrónico (enviado a la lista de distribución «Amigos de Xoroi») que convocaba a dicha presentación incluye un párrafo del autor que termina así: «Pero recíprocamente ¿podríamos, también a partir de esta lectura, liberar la práctica psicoanalítica, de una vez y pa-

como el único psicoanálisis existente («Asociación Mundial...»), no dice sandeces, claro;
es serio, hombre, ¡si hasta formalizó a Freud!

Es una estrategia que ha dado sus frutos; el negocio es el negocio, ya se sabe. El pequeño problema
es que todo esto no se lleva adelante sin pagar un
precio:[22] el «negocio» está sostenido por innumerables analistas de buena fe, que se han tragado,
por una incompetencia que no cabría reprocharles
en cuestiones lógico-matemáticas, todo este asunto
de la formalización. Y esto afecta también al psicoanálisis en su conjunto, puesto que, ya lo hemos
dicho, no aparece vinculado a un campo o a una
asociación lacanianos sino al psicoanálisis mismo,
y encima en su versión más esencial, la que estaría
librada de las azarosas contingencias de su nacimiento (la «invención» o el «descubrimiento» de
Freud) y depurada en su formalización hasta poder
codearse nada menos que con la Lógica y las Matemáticas, es decir, con lo mejorcito de las *ciencias
formales*.

---

ra siempre, de las sirenas del american way of life? Y todo
esto, ¿podríamos hacerlo sin recurrir a las sandeces del di-
funto freudomarxismo?». Es sencillo: los «freudomarxistas»
simplemente escribían «sandeces».

[22]Este es uno entre otros de los «precios» a los que ha-
cíamos referencia ya en 2009. *Cfr.* la p. 148.

Así, debido a esa estrategia, *que opera de un modo inconsciente para los analistas de buena fe que la sostienen,*[23] muchos psicoanalistas actuales parecen sentirse obligados a leer artículos complejos de Lógica (como los desarrollos de Da Costa sobre lógicas paraconsistentes) *como si tuviesen preparación para ello*, y el hecho es que no la tienen, por mucho que se imaginen otra cosa. Después van y se presentan en el mundo de la cultura con sus propias asociaciones libres sobre lo que han leído, o hablando de una supuesta «formalización matemática» del psicoanálisis, que no existe, o de una «topología psicoanalítica», que nunca fue enunciada[24] porque no puede serlo.

Y la cultura los rechaza. Cada vez más. No puede uno meterse en campos de saber tan constituidos como la Lógica o las Matemáticas, y siendo un *nouveau venu*, soltar lo que no puede ser percibido más que como una tontería tras otra sin ser in-

---

[23]Es decir, produce en ellos una *efectiva imposibilidad de pensar* (en aquello que no están capacitados para entender), y una igualmente efectiva *prohibición de pensar* (por ejemplo, en las «sandeces» que escriben los autores de otras corrientes).

[24]Soy consciente de que existen varios libros sobre ese tema e incluso con ese título. Cuando la parte matemática se puede salvar, cosa que no sucede a menudo, no se entiende cuál sería la relación con el psicoanálisis; en muchos casos son simplemente *delirios*, probablemente bienintencionados.

mediatamente considerado un diletante y la fuente de una molesta pérdida de tiempo. Después vienen las justificaciones resistenciales: «no nos aman porque no soportan nuestro discurso, ¡hay que ver qué resistencia!; ya nos advirtió Freud», y a seguir imaginando que el psicoanálisis tiene *mucho que decir* justo ahí donde se carece de la más mínima preparación para entender ni siquiera el *código* de lo que se está hablando.

Así no se puede seguir.

CAPÍTULO 2

CUALQUIER PERSONA EDUCADA; UN DICHOSO AZAR

Guía de lectura para profanos

Hemos marcado el enunciado del Teorema de Gödel en la página 34 y las subsiguientes Aclaraciones *como muy técnicas, aunque recomendamos al lector que los ojee; al leer el capítulo entenderá por qué. El resto de los párrafos «técnicos» o «muy técnicos» se concentra en la sección 2.4, ¿*Es el propio Milner «una persona educada»?*, a partir de la página 40. Hemos intentado desplazar a las notas al pie los aspectos que precisan de una formación especializada. De todos modos, y por la naturaleza de la discusión, quizá sea la primera parte de este capítulo lo más técnico en todo el libro.*

Presentación

Nos centramos en dos aparentes nimiedades, la aparición en dos obras psicoanalíticas distintas de las dos partes que componen el título del capítulo, para desentrañar su significado oculto. Lo que resulta no es especialmente agradable.

Este capítulo está basado en la ponencia del mismo título presentada a las XIII Jornadas Psicoanalíticas del EPBCN, tituladas *Aperturas en psicoanálisis II.*[1]

---

[1] La ponencia fue escrita en Barcelona entre los meses de marzo y abril de 2013, presentada el sábado 11 de mayo

de 2013 y publicada en mayo de 2013 en formato PDF [18]
y en diciembre de 2013 en formato HTML [19] en la sección
Textos para pensar de la web del EPBCN [92].

2.1   «El» teorema de Gödel en «La obra clara»

En su libro *La obra clara* [69], Jean-Claude Milner analiza la obra de Lacan, y la estructura en un *doctrinal de ciencia*, dos *clasicismos* y una *desconstrucción [sic]*. Al principio de la tercera parte, titulada *El segundo clasicismo lacaniano*, encontramos la siguiente frase [69, p. 124]:

> *El primer clasicismo necesita de la lógica matemática: de su existencia general y de algunas de sus proposiciones particulares (por ejemplo, el teorema de Gödel).*

Esto es muy llamativo: que una variante de la teoría psicoanalítica «necesite [...] del teorema de Gödel».

Primero, por la repetida referencia[2] a «el teorema» de Gödel, como si únicamente existiese uno. Sólo de incompletitud hay dos: aquél al que parece referirse aquí el autor, conocido como el «primer teorema de incompletitud de Gödel», y otro, el llamado «segundo teorema»,[3] igualmente importante

---

[2] *Vid. infra.* p. 32.

[3] Para el segundo teorema, véase por ejemplo el teorema 9 de *On Formally Undecidable Propositions of Principia Mathematica and Related Systems I* [47, p. 614].

β

y, en la práctica, utilizado más a menudo en los desarrollos lógico-matemáticos, que es consecuencia del primero, y que afirma que ninguna teoría formal suficientemente fuerte y que cumpla determinadas condiciones es capaz de demostrar su propia consistencia.

Segundo, y esto es esencial y será examinado en detalle más adelante, porque el mencionado teorema *puede aplicarse exclusivamente a determinadas teorías formales*, y el psicoanálisis no es una teoría formal, ni ha sido formalizado por Lacan, ni está en proceso de formalización.[4]

Si rastreamos más referencias al teorema de Gödel en *La obra clara*, nos encontramos con lo siguiente [69, p. 139]:

> *Sumando estos préstamos y reduciéndolos a su carácter común, se obtiene la definición de la matemática como ciencia de lo real, en tanto que lo real nombra la función de lo imposible (S.* XX, *pág. 158). Muy evidentemente, el teorema de Gödel será citado a menudo al respecto, pero se observará que Lacan no hace de él un uso original. Se limita a vincularle lo que cualquier*

---

[4]Como se ha mostrado con amplitud más que suficiente en el capítulo anterior.

*persona educada lee en él: la demostra-
ción rigurosa de que existen proposiciones indecidibles en aritmética.*

Podríamos detenernos en la afirmación de que
«se obtiene» la «definición» nada menos que de «la
matemática», o en la de que «la matemática» sea
una «ciencia de lo real, en tanto que lo real nombra
la función de lo imposible», o bien en el hecho de
que lo que sigue en el texto resulte para el autor
de un modo «muy evidente»; pero preferimos cen-
trarnos en la aseveración de que Lacan «se limita a
vincular [al teorema de Gödel] lo que cualquier persona educada lee en él: la demostración rigurosa de
que existen proposiciones indecidibles en aritmética», ya que «no hace de él un uso original».

2.2 «Cualquier persona educada»

En primer lugar, nos dedicaremos a examinar la
expresión «cualquier persona educada». Para ello,
necesitaremos enunciar antes de modo explícito una
forma moderna[5] del teorema de Gödel.[6]

---

[5]El teorema original, que se encuentra en el artículo an-   β
tes citado de GÖDEL, está formulado en términos de la notación empleada en los *Principia Mathematica* de WHITEHEAD
y RUSSELL, que ya no está en vigor.

[6]Traduzco del inglés los apuntes distribuidos por Joan   β
BAGARIA para la asignatura *Fundamentals of Mathematical*

μ_T **Teorema** (Primer teorema de incompletitud de Gödel). *Sea T una teoría recursivamente enumerable
que contenga a PA (en realidad, con que contenga
a R_0 es suficiente). Entonces existe una sentencia
θ tal que si T es consistente, entonces $T \not\vdash \theta$; y si
T satisface ciertas hipótesis adicionales, entonces
$T \not\vdash \neg\theta$.*

μ_T **Aclaraciones.** *La «hipótesis adicional» es que la
teoría T sea ω-consistente; PA es la teoría conocida
como la Aritmética de Peano; R_0 es una variante
de la teoría R de Robinson; $\vdash$ (que aparece negado
en el teorema) es el operador de deducibilidad.*

El lector estará haciéndose las mismas preguntas que nosotros: ¿«Cualquier persona educada»
tiene la capacidad de «leer» en el teorema de Gödel algo más que un galimatías sin sentido (ex-
ceptuando, claro está, si tiene una fuerte formación específica en Lógica Matemática)? ¿Realmente
«cualquier persona educada» comprende los términos (que no lo olvidemos, son *técnicos*) «teoría»,

---

Logic (A graduate course, 2004-2005), que cursé en el marco
del programa de Doctorado sobre *Lógica y Fundamentos de
las Matemáticas* impartido en el Departamento de Lógica,
Historia y Filosofía de la Ciencia en la Facultad de Filosofía de la Universidad de Barcelona. Las *aclaraciones* son
propias.

«recursivamente enumerable», «sentencia», «consistente», «ω-consistente», «deducibilidad»? ¿«Cualquier persona educada» está familiarizada con «la Aritmética de Peano», «la teoría R de Robinson» y su variante R_0?

Lo que uno se pregunta, con toda razón, es qué definición de «persona educada» tiene en mente Milner cuando escribe lo que escribe. Ya que *si* las «personas educadas» son las que tienen que comprender (comprender bien, no lo olvidemos: las Matemáticas, y en especial, la Lógica Matemática, no están hechas para comprenderlas «un poco», o «parcialmente», o «más o menos») lo anterior, *entonces* la inmensa mayoría de los universitarios, incluyendo a casi todos los hombres de ciencia y a un porcentaje altísimo de premios Nobel, no son «personas educadas»; no digamos ya el pobre y amedrentado lector.

En particular, alguien que *usa incorrectamente* el teorema de Gödel con seguridad no lo comprende como debiera, y de ese modo, y siempre para Milner, si alguien usa incorrectamente el teorema no es una «persona educada». Lacan, desde luego, aparece como una «persona educada», pero no sabemos si el conjunto de las «personas educadas» tiene más elementos. Intentemos poner a prueba la noción de «persona educada» mediante el examen de un caso, por ejemplo, el de Sir Roger Penrose,[7] físico-matemático y filósofo inglés autor de los famosos libros *The Emperor's New Mind* [77] y *Shadows of the Mind* [78].

¿Es Roger Penrose «una persona educada»? Parece que no, puesto que usa incorrectamente el teorema de Gödel. Me baso para decir esto en una obra de Torkel Franzén, de la sueca *Luleå University of Technology*, titulada *Gödel's Theorem: An Incomplete Guide to Its Use and Abuse* («El teorema de Gödel: una guía incompleta a su uso y abuso») [43], en la que da un repaso a una serie de errores cometidos en el uso del teorema, no sólo por el señor Penrose [43, p. 119], sino también por toda una serie de otros autores, que resultaría tedioso listar por completo, pero que incluyen a Rudy Rucker en su divulgativo *Infinity and the Mind* [43, p. 115], y a Freeman Dyson en sus comentarios sobre la inexhaustibilidad de la ciencia como oposición a la posibilidad de la existencia de una Teoría del Todo[8] [43, p. 87] en la Física teórica.

---

[7]El señor PENROSE es *Emeritus Rouse Ball Professor of Mathematics* en el *Mathematical Institute* de la Universidad de Oxford, además de *Emeritus Fellow* del *Wadham College*, e internacionalmente reconocido por sus trabajos científicos en Física Matemática, en particular por sus contribuciones a la Relatividad General y a la Cosmología.

[8]TOE: *Theory of Everything*.

2.3   «Un uso original»

Nos resulta francamente difícil creer que Penrose no sea «una persona educada». En el sentido habitual del término, Penrose es claramente no sólo una persona educada, sino una persona educadísima, muchísimo más que la gran mayoría de la población, incluso que la gran mayoría de los universitarios: es un científico brillante y un divulgador de éxito, y más allá de que a uno le convenzan o no los argumentos expuestos en sus libros, con toda claridad pensar que no es educado es de todo punto excesivo. Nos encontramos pues con que no sabemos bien qué significación asignar a la expresión «cualquier persona educada» en el texto de Milner.

Quizá en algún otro fragmento de las frases que estamos trabajando se nos ofrezca alguna aclaración. Justo antes de la ocurrencia de la expresión «cualquier persona educada» se enuncia que Lacan no hace del teorema de Gödel «un uso original». Ahora bien: ¿qué es, exactamente, hacer «un uso original» del teorema de Gödel? No lo sabemos, pero lo que *sí* que sabemos positivamente es qué es hacer un uso *erróneo* del teorema: usarlo para lo que no sirve, por ejemplo, por no haber entendido bien a qué ámbito se circunscribe. Es el caso de Penrose, todos los demás autores citados por Franzén, y muchos otros que no aparecen en ese libro. En la contracubierta del libro de Franzén hay un comentario de Solomon Feferman, de la Universidad de Stanford, *editor* (en el sentido inglés de la palabra) de las obras completas de Kurt Gödel y coautor de *Alfred Tarski: Life and Logic* [40], muy elogioso, y que reproducimos aquí[9] porque describe muy bien aquello de lo que estamos hablando:

> *Esta exposición única de los mara-villosos teoremas de incompletitud de Kurt Gödel para el gran público consigue hacer lo que ninguna otra ha conseguido: explicar de un modo claro y completo tan sólo lo que los teoremas realmente dicen e implican, y corregir sus diversas aplicaciones erróneas a la filosofía, psicología, física, teología, crítica postmodernista y similares.*

Nos interesa especialmente lo de las «aplicaciones erróneas». Por lo visto, es algo que sucede con frecuencia entre aquellos que, teniendo *un poco* de preparación sobre el tema, no tienen *la suficiente*, e intentan obtener del teorema rendimientos, a menudo filosóficos, que no es lícito exigirle. Probablemente sea lo que le sucede a Milner.

---

[9]En traducción libre del original.

Pero no nos apresuremos; supongamos más bien, aunque sea durante un ratito más, que la noción de «persona educada» que maneja Milner es consistente. Esto nos permitirá hacernos la siguiente pregunta:

2.4   ¿Es el propio Milner «una persona educada»?

Intentemos dilucidarlo. Milner (que, dicho sea de paso, es lingüista y filósofo, no matemático ni lógico) piensa que en el teorema de Gödel *se lee* «la demostración rigurosa de que existen proposiciones indecidibles en aritmética». Se lo está atribuyendo a Lacan, pero es lo que él escribe, y por tanto lo que él piensa.

La expresión «se lee» puede resultar extraña a los no iniciados. Parecería remitir de entrada a una *operación de lectura*, del tipo «*X* lee *A* en *B*», pero aquí está usada de un modo banal, como si al presentarnos la cuenta del bar por 5 euros «leyésemos en ella» que debemos pagar 5 euros. Omitamos pues ese fragmento de jerga, y prosigamos.

Lo primero que salta a la vista es una confusión entre el *teorema* y su *demostración*: el teorema es un enunciado (técnicamente, una *sentencia*), y demostraciones de un mismo teorema puede haber muchas y distintas. Leer en un teorema su demostración es imposible, a menos que por «el teorema» nos estemos refiriendo al artículo donde se enuncia y demuestra este último, que es lo que parece estar haciendo Milner.

Lo siguiente que nos llama la atención es el calificativo de «rigurosa», pues no sabemos si se refiere *1)* a una evaluación que el señor Milner habría hecho del rigor o de su posible falta en la demostración que Gödel hace de su teorema (para lo cual es arriesgado suponerle la preparación necesaria, ya que se trata de una demostración muy técnica y compleja, además de requerir un esfuerzo en el manejo de una notación antigua), o *2)* a la posibilidad de que piense (nos referimos al propio Milner) que existen varias clases de «demostraciones», entre las cuales algunas serían «rigurosas» y otras no. Como la segunda posibilidad es un desatino, ya que en Matemáticas las demostraciones siempre son rigurosas, y si no no son demostraciones, debemos concluir que Milner piensa que posee suficiente calificación para juzgar la calidad de la demostración de Gödel. *Por tanto*, y *a fortiori*, su comprensión del teorema de Gödel debe de ser absolutamente sin tacha.

¿Qué demuestra el teorema, según Milner? Que «existen proposiciones indecidibles en aritmética». Pero esta aseveración, planteada sin matices, es directamente errónea.

En primer lugar, porque hay teorías aritméti-   μτ
cas en las que no existen proposiciones indecidibles, por ejemplo la llamada *Aritmética Verdadera*,[10] una teoría completa, la que intuitivamente
creen estar utilizando la mayoría de los matemáticos,[11] y que además es capaz de demostrar su propia consistencia,[12] con lo que tampoco se le aplica
el segundo teorema de incompletitud de Gödel.

En segundo lugar, porque el teorema de Gödel   τ
se refiere a determinadas *teorías formales* (en el
sentido lógico-matemático del término). Entre esas
teorías hay algunas, como por ejemplo la llamada
«Aritmética de Presburger», que son decidibles (es
decir, para ellas el enunciado que propone el señor
Milner es *falso*), y otras que no lo son (por ejemplo,
la conocida como «Aritmética de Peano», para la
que el enunciado del señor Milner es *verdadero*).

---

[10] *True arithmetic* [93].   β

[11] Gran parte de los estudiantes de Matemáticas ignoran   μτ
la existencia de proposiciones indecidibles, a menos que tengan una formación específica en Lógica y Fundamentos de
las Matemáticas. Para la Aritmética Verdadera, nos permitiremos remitir también al lector a la p. 8 de nuestro trabajo de Doctorado *Modelos no estándar de la Aritmética de
Peano* (2006 [13]).

[12] Consúltese por ejemplo *"True" Arithmetic Can Prove*   β
Its Own Consistency, de Andrew Boucher [31].

τ

En tercer y último lugar, porque no se especifica qué tipo de Lógica se está usando, y lógicas hay muchas. Los matemáticos «normales» (nos referimos a aquellos que no están interesados en cuestiones de Fundamentos) ni siquiera tienen una consciencia clara de con qué Lógica o con qué axiomas están trabajando: usan más bien su «sentido común matemático»;[13] pero según el tipo de lógica que se utiliza, cambia la misma naturaleza de la realidad matemática que se está estudiando[14] (lo que técnicamente se denominan «los modelos»).

μτ   [13]Ese *sentido común* estaría a su vez contenido en la lógica de primer orden combinada con un fragmento de ZFC, la Teoría de Conjuntos de ZERMELO-FRAENKEL con Elección (en términos generales es suficiente con los axiomas o esquemas de axioma de Extensionalidad, Par, Unión, Potencia, Infinitud, Separación y Elección), pero este punto de vista abre a su vez una serie de nuevos problemas: véase por ejemplo el artículo de Paul BENACERRAF *What numbers could not be* [6].

μτ   [14]QUINE hizo famosa la frase de que las lógicas de órdenes superiores (segundo orden, tercero, etcétera) son *set theory in disguise*. Desde este punto de vista, lo que determina la naturaleza de la realidad matemática es la Teoría de Conjuntos subyacente, es decir, los axiomas de existencia que se están utilizando. En términos de la jerarquía iterativa, la teoría de segundo orden de V_κ es equivalente a la teoría de primer orden de $V_{\kappa+1}$, la de tercer orden de V_κ a la de primer orden de $V_{\kappa+2}$, y así sucesivamente.

Por ejemplo, para las teorías de primer orden, $^{\mu\tau}$ siempre se pueden encontrar modelos no estándar de los números naturales,[15] mientras que la teoría de la Aritmética de Peano de segundo orden es categórica[16] (es decir, no admite más que un modelo, salvo isomorfismo).[17]

Traemos este ejemplo para aclarar que no hay ninguna substancia última, ni ninguna cosa del mundo (y, por tanto, tampoco ninguna cosa del psicoanálisis), a la que «la Lógica» se refiera de un modo *natural*, y por tanto no hay justificación alguna en los argumentos ontologizantes con que se quiere hacer pasar que el teorema de Gödel podría referirse «al lenguaje», o «al discurso mismo», o a cualquier otro de los pretendidos objetos de estudio del psicoanálisis.

---

[15]Incluso para la Aritmética Verdadera. Para esto, véase $^{\mu\tau}$ mi *Modelos no estándar* [13].

[16]Consúltese por ejemplo *Foundations without Founda-* $^{\beta}$ *tionalism*, de Paul SHAPIRO, [88, p. 82]. La demostración original es de DEDEKIND.

[17]Para ser más precisos: la estructura de los números $^{\mu\tau}$ naturales queda unívocamente descrita por los axiomas de PEANO de segundo orden, salvo isomorfismo, pero *para una determinada interpretación de los cuantificadores de segundo orden*, es decir, del conjunto $\mathcal{P}(\mathbb{N})$.

2.5   De un terror insidioso

¡Ahora resulta que el señor Milner no es «una persona educada»! En realidad, nos alivia mucho saberlo; nos hubiese costado renunciar a nuestra intuición de que Penrose y muchos otros de los autores citados eran, después de todo, «personas educadas». Igual que casi todos los universitarios del mundo. Igual que nosotros. Igual que el atribulado lector.

Pero, un momento; *quizá*, ya que Milner *no parece saber muy bien de qué habla*,[18] y sin embargo dice lo que dice, *el efecto que se buscaba era ese: que uno no se sintiese «una persona educada»*.

Incluso el que esto escribe habría quedado intimidado por la frase de Milner, si no fuera porque, «por un dichoso azar»,[19] es licenciado en Matemáticas. No queremos ni imaginar el sutil e insidioso efecto de puro terror que se producirá en el lector medio, y ya no digamos en el psicoanalista medio, que suele ser psicólogo, es decir (por mucho que insistan, pobrecitos, en machacarlos con la Estadística)[20] *de letras*.

---

[18]Dejemos aquí de lado el examen de si LACAN mismo sabe de qué habla.

[19]Las comillas remiten a un guiño, al que no hemos podido resistirnos, y que se comprenderá enseguida.

[20]Al menos en España. En otras latitudes se los machaca con «la formalización lacaniana» y, claro, no se sabe bien

2.6 «Un dichoso azar»

Dejemos ahora por un instante a las «personas educadas», y volvamos nuestra atención sobre otro libro de la órbita lacaniana. Se titula precisamente *Lacaniana II* [87], está dirigido por Moustafa Safouan, y ya nos hemos referido a él en otro lugar.[21] En la página 219, y refiriéndose al Seminario 19, «*...o peor*» [67], Dominique Simonney escribe:

> Φ *representa la función fálica. Un dichoso azar quiso que Frege utilizara esta misma letra para definir su función proposicional.*

Uno se queda un poco estupefacto ante el «azar» (que aquí está utilizado en el sentido coloquial de «casualidad»), y no termina de comprender la «dicha» que embarga al autor. Vamos a ver: el libro dirigido por Safouan fue publicado (en español) en 2008; el Seminario 19, «*...ou pire*» de Lacan, es de los años 1971-72; Lacan comienza su Seminario en 1951, aunque por razones no del todo claras su albacea literario decidió publicarlos sólo a partir de 1953. Y Frege... nace en 1848 y muere en

---

qué es más grave.

[21]En nuestro *Setenta y cinco años no es nada* (2009 [14]), artículo que recuperamos en el capítulo 5 en la p. 127.

1925.[22] Por tanto, es imposible que «Frege utiliza-
ra [la] misma letra [que Lacan]»; en todo caso, sería
Lacan el que utilizó la misma letra que Frege.

No tendríamos el menor interés en resaltar lo
que no sería más que un burdo error si no fuese
porque *se trata más bien del exponente de una tendencia.*[23] Traigamos a la luz sólo un ejemplo más:
ya hemos señalado en el capítulo anterior que Lacan mismo atribuye al «buen azar»[24] que los paréntesis angulares $\langle$ y $\rangle$[25] «[son] las dos partes de
[su] rombo cuando se juntan». Otra vez el mismo
error: la notación $\langle a, b \rangle$ para el par ordenado *precede* a la introducción del «punzón» lacaniano $\Diamond$,
y por tanto, en todo caso, sería el «punzón» el que
«es» los dos paréntesis $\langle$ y $\rangle$ cuando se *parte*.

Todo esto nos suena como si un paciente nos
contase que «por un buen azar», su padre se parece a él, y más tarde que «por un dichoso azar», su
padre lleva el mismo apellido que él. Freud habla
en algún lugar de la fantasía de *ser uno mismo su*

---

[22]Es fácil saberlo, está en la Wikipedia: lleva muchos años
muerto.

[23]*Cfr.* la sección 4.2.1, *Freud como obra cerrada y consecuencia de Lacan,* en la p. 109.

[24]En este caso no es «dichoso», sino «bueno»; en cualquier caso, se constata que se trata de un azar que siempre
sonríe, lo que no deja de resultar curioso.

[25]Que LACAN o MILLER confunden con < y >, pero esto
no tiene importancia ahora.

propio padre; aquí encontramos algo todavía más atrevido: *ser el padre del padre que se aspira a tener.*

No hay que olvidar que Lacan tenía una multitud de seguidores a los que entretener, y el error puede disculparse por ser algo dicho en caliente (y en un ámbito relativamente privado, no lo olvidemos, aunque después él mismo haya alentado su publicación). Lo que no se entiende tanto es que todo esto se repita una y otra vez, a veces literalmente, a veces en estructura, como es el caso en el «dichoso azar» de Simonney, como si fuese nada menos que la *doctrina*[26] psicoanalítica.

2.7   Secretos familiares

Ya hemos dejado bastante claro qué opinión nos merecen las expresiones como «cualquier persona educada» desde un punto de vista *ético*. Desde un punto de vista *político*, se discierne con claridad el establecimiento progresivo y minucioso de una pseudoelite de «personas educadas». Se citan y se sostienen todos entre ellos,[27] y repiten tanto y tan

---

[26]Término que cada día leemos más a menudo, y que a FREUD le hubiese horrorizado: siempre insistió en que el psicoanálisis no era una cosmovisión, ya no digamos *una religión.*

[27]Dos muestras: las menciones con las que encabezamos este capítulo, y la cita de ŽIŽEK sobre LACAN reproducida

machaconamente las mismas inexactitudes, cuando no las mismas tonterías, que ya no se sabe bien
si de puro repetirlas han terminado por creérselas
ellos mismos. Desde el punto de vista presentado
aquí, son unos refinados artistas de las *imposturas
intelectuales*.[28] En cualquier caso, esto no pasaría
de ser más que el pretendidamente exquisito repertorio de juegos de una suerte de más bien inofensivo
club de chalados, si no fuese porque mucha gente
ajena a su círculo y generalmente mal informada
les cree,[29] y a pie juntillas para decirlo todo, los lee
y los estudia, hasta se escriben doctorados y se cur-
san materias universitarias[30] sobre estos temas; y
ahí viene la dimensión *sintomática* de todo esto. Lo
reprimido, el secreto familiar («*Mira, hijo, te tenemos que confesar una cosa, Lacan no era hijo*[31] *de
Frege; es más: Frege no es de nuestra familia*», y así
sucesivamente) se traslada al psicoanalista medio,
que termina escribiendo de buena fe y con total

---

en la p. 6.

[28]Otra vez SOKAL y BRICMONT [90].

[29]Otro más de los «precios» a los que aludimos en la
p. 148.

[30]Nos informan de que en la Universidad Nacional de
Rosario estudian nada menos que a VAPPEREAU. Uno no
puede evitar pensar: «*¡pobre gente!*».

[31]Intelectual, se entiende.

desconocimiento de causa *sandeces*[32] como lo del
«dichoso azar».

De este modo se ha estropeado la cabeza a toda una generación de analistas, y simultáneamente
se ha espantado, es cada vez más necesario decirlo,
a las auténticas «personas educadas», que ante este cúmulo de horrores huyen de «el psicoanálisis»
como de la peste.

---

[32]Esta vez el término está bien usado. Ver la nota 21 en
la p. 22.

CAPÍTULO 3

ESTRICTURAS EN PSICOANÁLISIS: INCONTAMINADO, RIGUROSO, VIRGINAL, ESTRECHO

Guía de lectura para profanos

La referencia al Teorema de Stokes y la correspondiente nota al pie en la página 70 han sido marcadas como técnicas, aunque en realidad no hace falta comprender en absoluto la fórmula para poder entender lo que estamos planteando. Por lo demás, se trata de un capítulo fácilmente accesible.

Presentación

Examinamos con todo detalle una recurrencia que demanda justificación: la de las locuciones «estrictamente psicoanalítico» y «puramente psicoanalítico», así como la repetida referencia al «rigor». El desarrollo nos lleva a comentar un artículo en el que se hace referencia al Teorema de Stokes, y otro en el que se asevera que el «budismo Zen» y la «relajación» son «psicoterapias» que «desembocan en una identificación».

Este capítulo está basado en la ponencia del mismo título presentada a las XIV Jornadas Psicoanalíticas del EPBCN, tituladas *Aperturas en psicoanálisis III.*[1]

---

[1]La ponencia fue escrita en Barcelona entre abril y mayo de 2014, presentada el sábado 10 de mayo de 2014 y publicada ese mismo mes en formato PDF [22] y en diciembre de 2015 en formato HTML [24] en la sección *Textos para pensar*

de la web del EPBCN [92].

Agua demasiado pura no contiene peces.
HUNG TZU-CH'ENG, Ts'ai-ken t'an

3.1 Introducción

Se hace cada vez más frecuente, en la literatura psicoanalítica, encontrar expresiones como «puramente psicoanalítico» (o «puramente analítico»), «estrictamente psicoanalítico», etcétera. ¿Qué se quiere decir, exactamente, con ellas?

Lo más llamativo es que, en muchas ocasiones, el uso de los calificativos «puro» o «estricto» parece ser redundante.

Veamos algunos ejemplos:[2] en el segundo volumen de su *Historia del Psicoanálisis en Francia* [85, p. 355], Roudinesco escribe: «Valabrega había escogido el término "phantasme" a fin de especificar el uso *estrictamente psicoanalítico* del término»; en *El cuerpo de la obra* [3, p. 279], Didier Anzieu escribe: «Este vuelco, desde un punto de vista *estrictamente psicoanalítico*, no es más que para cubrir la

---

[2]Los énfasis son propios.

> angustia, [...]»; en *Enseñanza de 7 Conceptos,*
> Juan David Nasio escribe: «para hablar *con
> todo rigor,* en el inconsciente no hay represen-
> taciones del otro, sino tan sólo representacio-
> nes inconscientes [...]»[3] [75, p. 141], y después:
> «me veré llevado a utilizar la palabra "objeto"
> sin poder evitar en todos los casos la ambi-
> güedad entre dos acepciones: la primera, muy
> general, empleada con frecuencia [...]; la segun-
> da, *estrictamente analítica,* [...]» [75, p. 142].

En general se recibe la impresión de que las frases
no hubiesen perdido nada si en vez de «estrictamente psicoanalítico» se hubiese escrito «psicoanalítico», o simplemente «analítico», y también la
de que se hubiese podido substituir «estrictamente
psicoanalítico» por «puramente psicoanalítico» sin
cambiar la significación de los textos.

Eso hace que nuestra pregunta inicial cobre más
interés: lo «puro» no coincide con lo «estricto»,
aunque sus significados se recubran parcialmente;
y, por otra parte, lo que aparece como una redun-
dancia intercambiable tiene que tener, sin duda,
una significación, aunque ésta, por el momento, se
nos escape. Por último, lo que despierta también
nuestra curiosidad analítica es la *insistencia* con la
que vemos aparecer estas expresiones.

---

[3]La referencia y el énfasis en el *rigor* se aclararán enseguida.

3.2 Grupos de significados

Tanto «puro» como «estricto» tienen varias acepciones,[4] que pueden agruparse del siguiente modo:

1. Lo «puro» como *incontaminado*, cuando se opone a «contaminado», «mezclado», «sucio». Ejemplos: «agua pura» (que no está sucia o contaminada), «alcohol puro» (que no está contaminado o mezclado con otros elementos). «Estricto» como «sin nada sobrante» confluye con esta acepción.

2. Lo «estricto» como *riguroso*, «exacto», «preciso», «sin concesiones ni excepciones», a lo que podemos añadir, porque sus significaciones convergen sin recubrirse, lo «puro» como *teórico, abstracto*, cuando se opone a «aplicado», «práctico». Ejemplos: «deducción rigurosa» (la que es verdadera y concluyente), «matemáticas puras» (las abstractas, que no precisan de cálculos efectivos), «lógica pura» (la que no se refiere a ningún universo o modelo).

---

[4]En todo el texto, las citas de acepciones están tomadas del DRAE [36] y el *María Moliner* [70, 71]; las de antónimos y sinónimos, de los correspondientes diccionarios publicados por Gredos [37, 38].   β

3. Lo «puro» como *virginal*, virtuoso, casto, etcétera, cuando se opone a «impuro», «sucio», «obsceno», «corrupto». Ejemplo: «la pureza de la Virgen María».

4. Lo «estricto» como *estrecho*, «sin amplitud en la interpretación». Este es el sentido más próximo a su etimología, ya que proviene del latín «strictus», participio pasado de «stringĕre»: «apretar», «comprimir».

Lo podemos esquematizar así:

$$\left\{\begin{array}{ll} \text{incontaminado} & \textit{puro, estricto} \\ \text{riguroso} & \textit{puro, estricto} \\ \text{virginal} & \textit{puro} \\ \text{estrecho} & \textit{estricto} \end{array}\right.$$

Del sentido etimológico de «estricto» deriva también el término médico *estrictura*, «estrechamiento».

3.3 Lo incontaminado: de las compañías buenas y las que son malas

La primera acepción del par *(puro, estricto)* que vamos a examinar es la que hemos reunido bajo el

nombre de *incontaminado*. ¿Qué sería un psicoanálisis «mero, solo, no acompañado de otra cosa»,
qué uno «sin nada sobrante»?

3.3.1 Atendiendo al corpus escritural

Examinemos primero las *obras* de Freud y Lacan. Freud, sin duda alguna, no se priva de «contaminarse» continuamente, con las religiones y su
historia, con las teorías de masas, con el derecho,
la antropología, la literatura y la poesía... la lista
se haría interminable. ¿Y Lacan? Tampoco se priva de nada, aunque sus elecciones sean distintas:
la Lingüística, las referencias hegelianas, la Topología, la Lógica, la Teoría de Conjuntos, la Teoría
de Nudos... otra lista infinita.

Un observador ingenuo podría objetar que esas
incursiones freudianas y lacanianas no son más que
aplicaciones de una teoría previamente existente y
elaborada en otro lugar. Pero esto no puede ser
así: el mejor y más completo texto freudiano sobre
un concepto clave como es la identificación está en
Psicología de las masas; nada se *aplica* allí que haya
sido dicho previamente en otro sitio,[5] y nada podría
haber sido dicho en otro sitio sin recurrir al análisis
de las masas. Lo mismo puede decirse de la teoría

----

[5] *Cfr. tb. infra* la sección 3.4.3, *No hay psicoanálisis aplicado*, en la p. 73.

lacaniana del sujeto y la Topología, por ejemplo, más allá del grado de acuerdo que a uno le suscite la cuestión.

3.3.2 Atendiendo a la historia del psicoanálisis

Si ahora centramos nuestra atención en la *historia* del psicoanálisis, nos encontramos con algo distinto, pues hace la serie de sus *exclusiones*: de ciertas interpretaciones de la religión (Jung), del cuerpo y el marxismo (Reich), de la grupalidad (en la interpretación usual según la cual para Lacan los grupos serían «obscenos»), de la institucionalización del psicoanálisis mismo,[6] etcétera.

Aquí, lo «puro» y lo «estricto» aparecen como *cicatrices* dejadas por ciertas amputaciones, como *congelamientos* devenidos doctrinarios de traiciones y decisiones políticas, como *exaltaciones* por inversión de determinadas impotencias y cegueras. Señalan una serie de *deudas* del psicoanálisis: cuerpo, religión, grupo, institución...; aparecen como adhesiones, partidarias y fideístas, que no hacen otra cosa sino reproducir las exclusiones de las que son huella y que recubren, marcando incesantemente fronteras, que aparecen como naturalizadas, y

---

[6]Véanse por ejemplo las contorsiones a las que se vio forzado LACAN en el acta de fundación de su escuela [56] para referirse a algo tan sencillo como que sus estudiantes se analizaban con él.

que delimitarían lo que «es psicoanalítico» frente a
lo que «no es psicoanalítico». En última instancia,
operan como una serie de *interdicciones*: de leer a
los *impuros*, de volver a pensar lo *impuro* que ellos
pensaron, de conectar *impuramente* con determinados temas *no analíticos*, y, en resumidas cuentas,
de *pensar*.

3.3.3 *Atendiendo a sus efectos en la clínica*

Lo llamativo es que esas interdicciones no son,
en general, experimentadas como tales, sino, por un
efecto inverso de cohesión, como un reforzamiento
de la creencia en la especificidad única y la abso-
luta singularidad del psicoanálisis *incontaminado*.
Operan como una especie de *carte blanche* que hace
que el psicoanalista se sienta autorizado y capaz de
asumir cualquier caso, puesto que sólo haría falta
operar de un modo «puramente psicoanalítico», lo
que le hace errar en la mayoría de los casos, sea por
defecto o por exceso.

Por defecto, cuando cree que tiene bastante con
ser «puramente psicoanalítico» mientras ignora las
realidades psicosociales, religiosas o políticas, por
mencionar sólo algunas, que en muchas ocasiones
determinan el caso.

> En un ejemplo, la paciente relata unas com-
> plejas relaciones con Dios, que le habla per-

sonalmente y la persuade de que traslade su
mensaje a la comunidad religiosa a la que pertenece, en la cual suceden este tipo de cosas.
De nada sirve que el psicoanalista, que es ateo,
se precipite a etiquetar: *¿Le habla Dios? ¡Qué
psicótica! Sin duda, estará hablando de su padre,* creyendo poder autorizarse además en
Freud o en váyase a saber qué ateísmo ambiente más o menos difuso que se confundiría con
el sentido común actual. El giro fundamental
del caso acontece cuando se puede conversar
pausadamente con la paciente sobre la significación que comportaron para ella una serie de
catástrofes que se iniciaron con la interrupción
de las revelaciones divinas. Manejar el caso de
forma «puramente psicoanalítica», es decir, re-
duciendo la figura de Dios a la del padre, etcétera, no permitía abrirlo, y por tanto ocuparse
de la dirección de la cura.

En otro, el paciente, que pasó su infancia
en Rusia en la época de la Unión Soviética,
muestra una serie de disfunciones sociales en
España. La apertura de este caso es posible
cuando el psicoanalista advierte la huella que
ha dejado en aquél un sistema, muy criticado por su familia, pero que distribuye de otro
modo, además de la riqueza, también las res-
ponsabilidades y los méritos, los resultados y
las envidias. En una aproximación «puramente psicoanalítica» eso no hubiese sido tenido en
cuenta: *¿Acaso es trabajo del analista meterse
en política? — eso no tiene nada que ver, «no
es psicoanalítico».*

Por exceso, cuando termina creyendo que es suficiente con ser «puramente psicoanalítico» para analizar cualquier cosa, y en última instancia para abordar cualquier situación, puesto que todo tendría una vertiente «psicoanalítica», incluso aquello que desconoce completamente.

> En un ejemplo, un psicoanalista organiza una «supervisión empresarial» desconociendo absolutamente todo sobre las sociedades mercantiles: lo que es un objeto social, qué son los estatutos, cómo funciona el accionariado, qué son y cómo se distribuyen los dividendos... Todo eso no tiene importancia, porque su trabajo es ser «puramente psicoanalítico», es decir, en su versión, analizar a los atribulados empresarios de «los celos y la envidia» y cosas por el estilo.
>
> En otro, un supervisor aconseja a un psicólogo que «deje hablar» a un paciente que demanda logopedia, porque «lo que vienen es a hablar», pasando por alto el hecho, por lo visto irrelevante, de que el psicólogo carece de toda formación específica en logopedia.

En los dos casos se pone en juego la cuestión de la formación del analista, que claramente ningún criterio burocrático («cinco años de análisis a cuatro sesiones por semana»; «análisis y supervisión de por vida»; «ser médico»; «el pase»; «pertenecer a la Única Escuela Verdadera»; etcétera) puede resolver.

3.3.4 Las malas compañías y la aspiración a la neutralidad

La aspiración a lo incontaminado no tiene nada de *neutra*, ya que está apuntalada, por un lado, en la serie de las exclusiones en la historia del psicoanálisis, que ha sido reprimida de un modo distinto en cada escuela, agrupación o grupúsculo; y, por otro, en la tranquilidad narcisista que proporciona al practicante ante la angustia generada por el abismo de una ignorancia que ninguna formación convencional podría colmar.

Es esta falta de neutralidad la que explica que se toleren, y aun se consideren normales, sistemas de clasificación que de otra forma no se sostendrían. Cada escuela tiene su propio sistema de buenas y malas compañías, de temas que es «psicoanalítico» abordar, y de temas que «no son psicoanalíticos». Entonces: el cuerpo, ni tocarlo (es «pulsional», ya se sabe),[7] pero en cambio, el teorema de Gödel... ¡ah, eso ya es otra cosa![8] O bien: el psicoanálisis no tiene nada que ver con la religión; pero en cambio, con la Topología...

---

[7] *Cfr.* nuestro *Los psicoanalistas no tienen cuerpo* (2012 [17]).

[8] *Cfr.* el cap. 2.

3.3.5   Un ejemplo: el donatismo

Si no tuviese consecuencias, algunas de ellas muy graves, hasta sería divertido.

Pero las tiene. Un ejemplo: en la mayoría de las corrientes analíticas se observa lo que podríamos denominar una *esclerosis del setting*: las diversas prescripciones que lo configuran pasan a ser incuestionables e inamovibles, como si cambiar una de ellas tuviese que producir una catástrofe. Lo más curioso es que son distintas en cada agrupación analítica: algunos dan la mano, y otros consideran que eso no se hace;[9] unos sólo admiten pagos en metálico y por la cantidad exacta, y otros cobran hasta por Paypal; unos creen que el psicoanalista debe ir vestido con traje y corbata,[10] y otros no piensan así; unos no abren la boca, y otros hablan desde el primer día; etcétera. Pero, *para cada uno de ellos*, su pequeña creencia en la prescripción es sagrada, y la idea de saltársela inconcebible.

La psicoanalista Olga Palomino nos confiaba la hilaridad nerviosa que despertó en el

---

[9]Con lo cual dan más bien la impresión de que desconocen las *costumbres de mesa*.

[10]Como si el psicoanalista fuese un vendedor de seguros. Se genera así una legión de aturdidos vestidos de Armani que, eso sí, se llenan la boca con el *deseo del analista* (que por lo visto, siempre es el de vestirse de Armani: *c'est la vie*).

auditorio de un seminario al que asistía la re-
velación de que Freud, cuando atendía a determinados pacientes, a veces les ofrecía... ¡un té!
Habría que preguntarse, realmente, qué era lo
reprimido en juego, qué daba *tanta risa*.

En claro contraste con esta acumulación
de fijezas, Freud se permitía muchas más li-
bertades. Por ejemplo, al Hombre de las Ratas[11] le da de comer y beber [45, p. 237, 243
y 246]; le exige que traiga una foto de la ama-
da [45, p. 204]; le explica la teoría (en varios
pasajes del historial); le repite una conferencia
[45, p. 221]; y le da a leer una obra de Zola [45,
p. 240] (*Joie de vivre*).

Lo interesante es que esto que le está sucedien-
do al psicoanálisis *ya ha sucedido con anterioridad*.
¿Dónde? Aquí está el problema: *en el ámbito reli-
gioso*.

Nos referimos en este caso, y como ejemplo, a la herejía donatista, también conocida
por la polémica *ex opere operantis / ex opere operato*, que enfrentaba, a principios del siglo IV, a quienes pensaban que los sacramentos
cristianos operaban en virtud de la operación
(es decir, del ritual sacramental) con los que
pensaban que se precisaba, además, de la virtud del oficiante (los donatianos). La polémica
terminó (al menos desde el punto de vista de la

---

[11]Debo a la amabilidad de mi colega Fabián ORTIZ este
fascinante listado.

iglesia Católica) en 409, cuando Marcelino de Cartago declaró herético el donatismo: lo que estaba en juego era cuál iba a ser la religión del imperio romano. Para fundar una iglesia con ambiciones universales no puede uno basar las cosas en la virtud, lo que se necesita son *burócratas*, un ejército de ellos.

Se opera entonces, en el psicoanálisis, *como si lo que curase fuese el dispositivo analítico mismo*,[12] que queda entonces sacralizado, mientras que el practicante queda eximido de cualquier requerimiento, puesto que él ya no es lo que importa.

Y como el psicoanálisis no quiere tener nada que ver con la religión, el asunto deviene impensable, con lo que se priva de una información histórica que le sería muy útil, y después termina tomándose por una creación novísima y extraordinaria que no tendría parangón. Al no poder pensar lo que le sucede, no puede *pensarse*, y eso lo condena a *repetir* incesantemente problemáticas que no son históricamente nuevas, por mucho que se empeñe en ello.

---

[12]Hasta el límite de que hay psicoanalistas que *nunca hablan*.

3.4   Lo riguroso: de la laboriosa observación al matema, y de la aspiración deductiva

Entre las *buenas compañías*, el lacanismo distingue, sin duda, a las ciencias formales: la Lógica y las Matemáticas. Esto nos llevará a la segunda acepción de nuestro par, que hemos agrupado bajo la etiqueta de lo *riguroso*, y en la que incluimos también lo *abstracto*, y lo *puro* como *no aplicado*.

Ya establecimos en los capítulos anteriores[13] la dimensión de estafa intelectual de este coqueteo con las ciencias formales, una operación que claramente intenta, sin conseguirlo, no hay ni que decirlo, que el psicoanálisis se contagie de su *prestigio*.

3.4.1   La desaparición de la dimensión crítica: el teorema de Stokes en Posición del inconsciente

El *primer problema* con esta operación de prestigio es que configura modos de formación que *imbecilizan a los candidatos*: los entretienen con una pseudocultura diletante en vez de estimular en ellos la dimensión crítica. Veamos un ejemplo reciente.

En un trabajo de marzo de 2011 publicado en la revista lacaniana en línea *Nodus* [79],[14] la autora promete «elucidar las razones que motivan la cita

---

[13]Como lo continuaremos haciendo en los siguientes.

[14]Se trata de un trabajo «elaborado en el contexto

de Lacan al teorema de Stokes [...] en relación a
la pulsión», y después añade «para ello, se expone
con claridad el teorema». Consecuentemente con su
programa, lo que hace es «exponer con claridad el
teorema», y ya está. Eso sí, cuando hay que partir
una superficie S en dos, las superficies resultantes
se denominan S_1 y S_2; uno se figura que eso debe
resultar tranquilizador.[15] ¿Y lo de «elucidar las razones»? Nada de nada: se «expone con claridad el
teorema» y, por lo visto, ya están «elucidadas las
razones».

El pequeño problema es que la referencia lacaniana al teorema de Stokes, que dicho sea de paso
es pura y simplemente *una enormidad*, sólo podría
encontrar sus «razones» si se «elucidase» primero qué autoriza a pensar que la pulsión freudiana
podría ser aclarada nada menos que con una referencia a la teoría *electromagnética*. Dicho todavía

---

del Seminario de Investigación "Posición del inconsciente: entre alienación y separación", impartido por Anto-
ni VICENS en el curso 2009-10». No recomendamos la
versión pdf (`http://www.scb-icf.net/nodus/contingut/`
`arxiupdf.php?idarticle=394&rev=49`), porque las letras
griegas no se ven. Uno se pregunta qué herramientas técnicas están utilizando; aprender LATEX no es tan difícil.

[15]Algunos textos de épocas similares a *Posición del inconsciente* usan la notación S_1, S_2, por ejemplo el *Análisis
Matemático* de REY PASTOR, PI CALLEJA y TREJO [84,
p. 524], pero para evitar confusiones hubiese sido necesaria
una aclaración.

más claro: una vez expuesto el teorema de Stokes, habría que determinar, como mínimo, qué figura retórica está utilizando Lacan, si esa figura está bien empleada, y si la metáfora, comparación, analogía, o lo que se haya determinado que se está usando está o no bien fundamentada. Es decir, habría que ejercer la *función crítica*.

Por no hablar de la ecuación, presente en la edición francesa [62, p. 327], pero que Tomás Segovia no se atreve a transcribir en la versión española [60],[16]

$$\int \overrightarrow{dt}.\overrightarrow{V} = \iint \overrightarrow{dS}.\mathrm{Rot}\,\overrightarrow{V},$$

antecedida de un «Pour les topologistes» en clave privada que *no* remite a la rama de las Matemáticas a la que pertenece el teorema: la *geometría diferencial*. ¿No merecería esto ser, también, «elucidado»?

¿Qué encontramos en su lugar? Un uso pomposo de las palabras («elucidar») que no responde a nada concreto, la presencia tramposa, inexplicada

---

[16]Y con razón: los de Éditions du Seuil, claramente, andaban perdidísimos al transcribir la ecuación, que tiene graves errores de puntuación. Por ejemplo, el punto después de *dt* debe ir fuera, y no dentro, del vector. Además, se trata de un punto medio ($x \cdot y$ en vez de $x.y$), que también puede omitirse. Sí, estas cosas, en notación matemática, *cuentan*: es lo que se llama *cuidado del significante*.

y no fundamentada de una simbología familiar pero sacada de contexto (S_1 y S_2) y, eso sí, todos los oropeles y las apariencias de la seriedad («elaborado en el contexto del Seminario de Investigación», «aperiòdic virtual de la Secció Clínica de Barcelona»). Puro *simulacro*.

3.4.2 El cierre especulativo-formalista: oral, anal, escópico, invocante

El *segundo problema* con la operación de prestigio es que *cierra* la obra freudiana y el *tercer problema* es que es una operación *especulativa* (algo que Freud aborrecía). La cierra en varios sentidos: en primer lugar, literalmente, porque ya no se abre más su obra, no se estudia a Freud,[17] que ha sido substituido, en una serie cuyo crecimiento se intuye indefinido, primero por Lacan, después por Miller, después por los divulgadores de Miller, etcétera;[18] en segundo lugar, porque esa substitución se justifica en una pretendida formalización,[19] pero nadie garantiza que eso supuestamente formaliza-

---

[17]Hasta el punto de que se lo borra y substituye por LA-CAN. *Cfr.* la sección 4.2.4, *De un suicidio a plena luz del día*, especialmente a partir de la p. 122.

[18]Eso sí, todos se llenan la boca con el «retorno a FREUD», que por lo visto ya realizó, de una vez y para siempre, LACAN.

[19]*Cfr.* el cap. 1.

do tenga la apertura que tenía en Freud (es decir, que la supuesta operación de formalización, aun si fuera válida, no estaría bien hecha, pues es doblemente *reductiva*: deja fuera casos, y cierra, obtura, la operación de lectura); en tercer lugar, porque las estructuras «formalizadas» que se proponen se agotan y se cierran en su propia combinatoria.

Por ejemplo, la teoría de la pulsión en Freud no tiene mucho que ver con la teoría de la pulsión en Lacan: en cierto momento, el lacanismo reconoce cuatro pulsiones (oral, anal, invocante y escópica), que se articulan combinatoriamente con la demanda y el deseo *a* y *del* Otro. El problema con estas combinaciones, que por otro lado pueden resultar placenteras a nivel estético, es que 1) son *especulativas*, como ya hemos indicado antes; y 2) no admiten la modificación ni el crecimiento (puesto que la combinatoria lleva en sí una forma exhaustiva), y por eso mismo son cerradas (y esta es la objeción más importante), en el sentido de que *a*) dejan fuera todo el repertorio de otras pulsiones que sí están presentes en la obra de Freud, y *b*) no permiten la consideración de la posibilidad de la existencia de nuevas pulsiones, justo en la parte de la teoría psicoanalítica que para Freud mismo es «más oscura» y de la que espera más desarrollo ulterior.

3.4.3   No hay psicoanálisis aplicado

El *cuarto problema* con la operación de prestigio es que reedita la vieja distinción entre lo *puro*
y lo *aplicado*, cuando el psicoanálisis *no se puede
aplicar*.

Complica extraordinariamente las cosas que Lacan, en el acta de fundación de su lacaniana «Escuela Freudiana»[20] [56], decidiese estructurarla en
tres secciones, de las que las dos primeras eran una
«de psicoanálisis puro» y la otra «de psicoanálisis
aplicado».[21] Para Lacan, el psicoanálisis aplicado
es la psicoterapia, en cuanto debe diferenciarse ra-
dicalmente del psicoanálisis, y el psicoanálisis puro
es el psicoanálisis didáctico.

En un artículo en línea de Joseph Attié[22] sobre
el tema se asegura que «lo que puede hacer virar
la terapia a un análisis es la existencia de otro que
no sepa» [4]. El análisis didáctico sería entonces
«dependiente de la respuesta del Otro», y lo que

---

[20]Primero «Escuela Francesa».

[21]Se termina confundiendo el accidente de lo que no era
más que una *operación de política interna* de LACAN, que
tenía que mantener cohesionada a su tropa en una situación
muy difícil, con una *operación teórica*.

[22]El señor ATTIÉ es presentado en el artículo como sigue:
«Joseph ATTIÉ es psicoanalista, miembro de la École de la
Cause Freudienne (ECF), de la Escuela de la Orientación
Lacaniana (EOL) y de la Asociación Mundial de Psicoanálisis
(AMP)».

posibilitaría esa entrada en didáctico sería «el deseo del analista».

En ese mismo artículo se cita a Jacques-Alain Miller: «Todas las psicoterapias son de hecho terapias de la imagen de sí. Siempre están fundadas en el estadio del espejo»; inmediatamente, el autor añade: «y desembocan en una identificación, tanto el Zen como la hipnosis, el grito primario o aún la relajación».

Realmente, saben de todo, estos lacanianos: de Topología, de Teoría de Conjuntos, y ahora de Zen y de relajación. Veamos: para empezar, el Zen no es una «psicoterapia», sino una variante extremadamente depurada del budismo (que, además de ser tanto «una psicoterapia» como pueda serlo el judaísmo, tampoco es exactamente una religión); y, además, el Zen no «desemboca en una identificación», basta haber leído un mínimo de literatura Zen para darse cuenta de eso.

> *Precisamente* el Zen contiene referencias constantes al problema de la identificación (aunque, claro está, sin utilizar ese término). Veamos algunos ejemplos:
>
> Pai-chang Huai-hai (百丈懷海, 720-814): «Si el discípulo tiene una visión igual a la del maestro, podrá, como mucho, realizar la mitad de lo que el maestro ha realizado. Sólo cuando el discípulo tiene una visión que sobrepasa a la del maestro merece la Instrucción» [35,

p. 50]; otra variante [28] substituye «merece la
Instrucción» por «vale la pena transmitirle la
enseñanza».

Shunryu Suzuki (鈴木俊隆, 1904-1971):
«De modo que aquel que se apega [...] al maestro comete una gran equivocación. En cuanto
uno halla un maestro, tiene que dejarlo y man-
tenerse independiente. El maestro se necesita
para poder independizarse» [91].

Y un aforismo de Matsuo Bashō (松尾芭
蕉, 1644-1694):

> No trates de seguir los pasos
> de los hombres sabios del pasado.
> Busca lo que ellos buscaron.

En cuanto a que «la relajación» sea «una psicoterapia» que «desemboque en una identificación»,
mejor dejarlo.

¿Adónde apunta el autor? Es claro: las demás
«psicoterapias» (lo que incluye por lo visto al «Zen»)
son «imaginarias», están fundadas en el estadio del
espejo, mientras que el psicoanálisis (el «puro», el
«didáctico») es «simbólico». Es algo absolutamente distinto, completamente nuevo, y todo gracias al
«deseo del analista»... Unos analistas que, por otra
parte, escriben *sandeces*[23] como que el Zen es una
psicoterapia, cierran la obra freudiana para substi-
tuirla por *especulaciones*, no muestran el más mínimo *rigor* ni sentido crítico... Algo falla, claramente.

---

[23] *Cfr.* p. 22, n. 21.

¿Dónde estaría entonces la cualidad del alma (me-
tafísica, imaginamos) del analista, ese «deseo» que
garantizaría la posibilidad de «hacer virar la terapia a un análisis», si no se percibe de ningún modo
su presencia en sus producciones?

Lo que está mal es el punto de partida: ya lo hemos dicho, *no existe algo así como el psicoanálisis
aplicado.*[24] «Aplicar», en las acepciones que nos in-
teresan, es o bien «poner algo en contacto con otra
cosa» (no se *aplica* el psicoanálisis como si fuese una
cataplasma), o bien «emplear un conocimiento a fin
de obtener un determinado efecto en alguien» (el
psicoanálisis no es un «conocimiento» que se «emplea» para producir «un efecto»), o bien «referir a
un caso particular lo que se ha dicho en general»
(esto equivaldría a hacer entrar al paciente en sistemas de clasificación que lo alienan). «Aplicado»,
además de significar «que muestra asiduidad», lo
que no nos interesa aquí, «se dice de la parte de
la ciencia enfocada en razón de su utilidad»; por
último, «aplicar» se usa como «emplear», «usar»,
«dedicar». Pero no puede haber algo que esté ya
preparado y después se use, en el análisis: *prime-*

---

[24]El propio Freud recurre en sus escritos a la noción de
«aplicación», generalmente en contextos en los que se refiere a la relación del psicoanálisis con otras disciplinas, pero
también recomienda olvidarse de la teoría y de los demás
casos al atender a un nuevo paciente.

ro, porque eso eliminaría la escucha (doblemente: porque no haría falta escuchar y porque después de escuchar se «aplicaría», «emplearía», algo ya constituido en otro lugar); *segundo*, porque por aplicar algo constituido en otro sitio no se respetaría la singularidad del paciente, convirtiendo el análisis en una operación de *imposición moral*; *tercero*, porque se violentaría la naturaleza misma del encuentro analítico, que debe poder transitar por devenires no previstos, y por tanto no puede dejar de carecer de una hoja de ruta establecida *a priori*.

3.5   Lo virginal: sobre el desconocimiento de la generación, y sobre sus consecuencias

Hay una guía de lectura, muy útil por cierto, para leer a Lacan: cada vez que dice «esto es exactamente lo que dijo Freud», podemos estar seguros de que nos está colando una teoría diferente, la suya, que puede ser quizá muy respetable, pero no es la freudiana.

Parece una broma, pero no lo es; es un *síntoma* del lacanismo, que no ha sido capaz de hacerse cargo de esa operación, verdaderamente sistemática, de apropiación indebida, más que repitiéndola indefinidamente.

Descompongamos esa apropiación: Lacan enuncia que su teoría T' sobre un determinado tema psicoanalítico es «exactamente» la teoría T de Freud sobre la misma cuestión, pero en realidad T y T' son diferentes; eso es tan palmario y sucede tan de continuo que uno no se explica cómo no ha sido advertido más a menudo. Después Lacan parte de T' (que sería «freudiana», claro: como su escuela),[25] le aplica una serie de manipulaciones simbólicas a las que era aficionado, y obtiene una modificación T''' de T', que «sigue siendo estrictamente freudiana», y que ya no se parece en nada a T. A continuación, se celebra que T'' es la «formalización» de T',[26] que a su vez está confundida con T.

Así se consuma, además de un latrocinio, un *asesinato*. Del padre, por más señas, es decir, de Freud: se le pone a T'' el apelativo de «freudiana», se repite hasta la saciedad que Lacan «formalizó» a Freud, y se deja al viejo Freud el papel de «descubridor»[27] del psicoanálisis, como si fuese un explorador inglés en África, con su salacot y todo, que tomó algunos apuntes naturalistas, hizo algunos dibujos y algunos esquemitas, y después entregó todo a gente seria que sistematizó sus hallazgos, los «for-

---

[25] *Cfr.* la p. 21.

[26] *Cfr.* el primer capítulo, *Y Lacan lo formal izó*, en la p. 1.

[27] Queda por hacer una crítica de la noción así empleada de *descubrimiento*, muy poco clara, aunque se vea repetida hasta el manoseo en los ambientes *psi*.

malizó» y les dio, por fin, la forma teórica que les correspondía.

Esta operación requiere, para ser completada, de la asunción de una genealogía, propiamente delirante, que ya hemos criticado con anterioridad:[28] el psicoanálisis se emparentaría, entonces, con Cantor, Frege, Gödel, Tarski... *El viejo Freud era muy simpático, descubría cosas, pero nosotros nos relacionamos con ancestros mucho más augustos.* Está claro que el psicoanálisis tiene problemas *con sus padres.*

¿Y *con los hermanos*? En esto se comporta como el niño neurótico que no juega con nadie y siempre se queda solo en el patio. Y no es que no sepa conectar, no crean: es a él que no le interesa; está convencido de ser superior a los demás. Por lo visto, no tiene nada que ver con las otras psicoterapias (como el «Zen» o la «relajación»). No le pasan cosas que ya les han pasado a otros, ¡qué va!; como es extremadamente nuevo, algo que no había existido nunca, nada de lo que le pasa es comparable a algo existente o anterior.[29] No se junta con nadie porque a él no le interesa. Bueno, sí; a veces le interesa alguna cosa, y entonces la toma, sin pedir permiso, ¿por qué habría de hacerlo?, la usa para lo que

---

[28] *Cfr.* la sección *2.7*, Secretos familiares, en la p. 47.

[29] *Cfr.* como contraste las referencias a la herejía donatista en la p. 65.

quiere y sin preguntar antes cómo se usa, con lo que termina pergeñando verdaderos engendros como la topología psicoanalítica, monstruos estériles a los que después ama como a las más altas producciones de su pensamiento. *L'escarabat, al seu fill, li deia perleta.*

¿Y *con los hijos*, tendrá también problemas? Con esos no tiene problema alguno, *porque se los ha comido a todos*: Jung, ya se sabe, quería ser profeta; Reich era un delirante; Fromm, un curita; Anna Freud, una *cagada de mosca*... [58] No queda nadie vivo, realmente (salvo los *puros* y los *estrictos*, se supone).

¿Qué emerge aquí? La tercera acepción de nuestro par: *virginal*. En su sentido más fuerte: *quien no conoce todavía los procesos de la generación*. Es de lo más llamativo, para una disciplina que dice dar tanto peso a la sexualidad.

3.6   Lo estrecho: de la estructura a la estrictura

De todo esto resulta un *angostamiento*, literalmente una *estrictura*: lo *estrecho*, que es la última acepción de nuestro par. Un psicoanálisis cada vez más aislado, solo. Desconectado, jugando a no contaminarse, cuando ha olvidado el más elemental sentido crítico y el saber sobre las regulaciones

del intercambio. Ignorante, haciéndose el riguroso
cuando no tiene con qué y no sabe qué hacer con
lo que les ha robado a otros. Delirante cuando intenta encuadrarse, emparentarse; ocultador de su
padre, devorador de sus hijos, desagradable con las
demás disciplinas. *Estricto*, angosto, estrecho, rígido, severo, seco. Necesita renovarse, con urgencia:
aire fresco, nuevo.

$$
\text{significación}
\begin{cases}
\text{aspiracional}
\begin{cases}
\text{incontaminado} \\
\text{riguroso}
\end{cases} \\[2ex]
\text{reprimida}
\begin{cases}
\text{virginal} \\
\text{estrecho}
\end{cases}
\end{cases}
$$

CAPÍTULO 4

EN TÉRMINOS LÓGICOS

Guía de lectura para profanos

*El ambiente general de la primera parte del ca-
pítulo es el de la Lógica, pero excepto en los párrafos
marcados, casi todos notas en línea, no se requie-
ren más que conocimientos muy elementales de la
materia, que se suelen aprender en el colegio.*

Presentación

Examinamos con todo detalle varias partes de
un artículo en línea de psicoanálisis que encontramos por casualidad, mientras buscábamos otra cosa, y que abunda en referencias a la Lógica y a
la Filosofía del lenguaje. Interrogamos esas partes
por lo que manifiestamente pretenden ser, y nos encontramos, detrás de una aparente falta de sentido,
con otra serie de sentidos, que van en una dirección
completamente distinta de la aparentada.

Este capítulo está basado en la ponencia del
mismo título presentada a las XV Jornadas
Psicoanalíticas del EPBCN, tituladas *Aperturas en
psicoanálisis IV*.[1]

---

[1]La ponencia fue escrita en Barcelona entre los meses de
marzo y abril de 2015, presentada el sábado 16 de mayo de
2015 y publicada ese mismo mes en formato PDF [23].

Advertencia y estructura

El capítulo está estructurado en dos partes: en la primera sometemos el texto a un análisis lógico; en la segunda, alternamos los análisis de síntomas con la refutación de posibles objeciones. Para estas últimas se tomará como ámbito de su aplicación el conjunto de referencias examinadas en el libro entero, no sólo el artículo examinado en este capítulo.

4.1   Primera parte: Análisis lógico

4.1.1   «En términos lógicos»

En un artículo en línea de Julio Ortega Bobadi-lla[2] titulado *Lacan racionalista*[3] [76] y publicado en la web «PsicoMundo»,[4] dirigida por Michel Sauval, y que se presenta como «La red Psi en Internet», encontramos un determinado párrafo (el nº 8) que termina del siguiente modo:

> *[...] pareciendo apuntar en términos lógicos que:*

```
Lacan ---> Freud.
```

Puesto que el texto nos advierte de que la termi-nología es la de la Lógica, nos permitiremos subs-tituir el signo «--->», que no pertenece a ella, por el comúnmente aceptado «⟶»; probablemente el autor no disponía de la tipografía adecuada. Así,

---

[2]La ficha del señor ORTEGA en *PsicoMundo* [39] con-tiene lo siguiente: «Psicoanalista, psicólogo, filósofo. Master *(sic)* en Filosofía. Doctorado [en] filosofía. Trabajé para la Facultad de Filosofía y Letras de la UNAM durante casi 15 años. Doy clases en las Fac[ultade]s de Filosofía y Psicología (Universidad Veracruzana)».

[3]Para facilitar la lectura, hemos reproducido los párrafos que examinamos en la sección 4.3 en la p. 125.

[4]http://www.psicomundo.com/

nos encontramos con que se somete a nuestra consideración si

$$\text{Lacan} \longrightarrow \text{Freud.}$$

Ahora bien, ¿qué se nos quiere decir con esto? No
olvidemos que se nos ha indicado que estamos pro-
cediendo «en términos lógicos». Pero la conectiva
«$\longrightarrow$», llamada *implicación material*, se aplica, en
la Lógica, únicamente a entidades cuyo valor úl-
timo se limita tan sólo a una de dos posibilidades,
«verdadero» y «falso», los llamados «valores de verdad». En castellano, la conectiva «$\longrightarrow$» se lee «*si
... entonces ...*», y su evaluación puede ser, a su vez,
verdadera o falsa.

Así, tiene sentido y es verdadero

2004 es bisiesto $\longrightarrow$ Febrero tiene 29 días,

que equivale en lenguaje natural a «*si* el año
2004 es bisiesto, *entonces* febrero de 2004 tiene
29 días»; y tiene sentido y es falso

2004 es bisiesto $\longrightarrow$ Febrero tiene 30 días,

pero no tiene sentido

Pedro $\longrightarrow$ Juan,

ya que «*si* Pedro *entonces* Juan» tampoco lo
tiene.

No se ve pues cómo podríamos asignar los valores «verdadero» o «falso» a «Freud» y «Lacan»: tanto «Freud» como «Lacan» son nombres propios, y los nombres propios no son ni verdaderos ni falsos, sino que, *en términos lógicos*, designan un objeto (que puede, en particular, ser una persona).

Claro está que, en términos coloquiales, se emplean expresiones como «¡Qué falso es Pedro!» o «Julián es muy falso», con lo que se puede querer indicar, por ejemplo, que alguien es mentiroso, ladino y poco de fiar. Desde esa perspectiva, y tomando en consideración las equivalencias habituales de la implicación material, la expresión que estamos examinando significaría «no puede darse el caso de que Freud sea falso y Lacan no lo sea», lo que, además de ser poco informativo, puesto que no excluye la posibilidad de que sean falsos los dos, es de cariz psicológico y no parece ser lo que el autor del artículo está discutiendo. Pero no; bien mirado, es imposible que el señor Ortega esté usando ese sentido coloquial: no volveremos a olvidar que nos ha dicho que está operando «en términos lógicos».

Quizá el señor Ortega se esté refiriendo a otra cosa: es un error sencillo pero muy extendido el de confundir los símbolos «$\longrightarrow$» (implicación material) e «$\Longrightarrow$» (implicación lógica o consecuencia lógica).

τ   Para ser más precisos, la implicación material es un operador *lingüístico* (es decir, que
pertenece al lenguaje de la Lógica), mientras
que la implicación lógica es un operador *metalingüístico*, que pertenece al metalenguaje mediante el que *se habla del lenguaje de la Lógica*.
El primero sirve para enunciar proposiciones
de tipo *si ... entonces ...*; el segundo se refiere a las relaciones *entre las proposiciones mismas*, en particular a la posibilidad de que unas
proposiciones sean *deducibles* de otras (consecuencia sintáctica o deducibilidad) o sean *consecuencia* de otras (consecuencia semántica).[5]

El examen de la frase completa parece apoyar
nuestra hipótesis de que el señor Ortega está usando, en realidad, la consecuencia lógica:

> *Incluso, Lacan ha aseverado que su
> «retorno a Freud», es una legitimación
> de Freud, pareciendo apuntar en térmi-
> nos lógicos que:*

```
Lacan ---> Freud.
```

Detengámonos un instante antes de examinar esa
fórmula. Resulta bastante sorprendente el uso que
hace el señor Ortega de la noción de legitimación.

---

[5]Algunos autores reservan el nombre de *consecuencia
lógica* para la versión semántica, e utilizan sólo *deducibilidad* para la consecuencia sintáctica, lo que probablemente
es menos equívoco.

«Legitimar», para la RAE, aparte de «convertir algo en legítimo», es «probar o justificar la verdad de algo o la calidad de alguien o algo conforme a las leyes» y «hacer legítimo al hijo que no lo era»; y «legítimo» es «conforme a las leyes», «lícito, justo» o «cierto, genuino y verdadero en cualquier línea». Queremos imaginar que el señor Ortega no está proponiendo que Freud fue un hijo ilegítimo de Lacan, al fin reconocido por su verdadero padre;[6] entonces, en lo que propone, *o bien* Lacan hace verdadero a Freud, *o bien* lo hace conformarse a las leyes. El primer caso puede subsumirse en el segundo, puesto que si Freud no fuese verdadero, es decir, si se precisase que Lacan lo hiciese verdadero para que lo pudiese ser, debería tratarse de que en Freud faltaba algo para ser verdadero, y ese algo lo haría conformarse a la ley (de ser verdadero). Ahora bien: hacer conformarse a una ley no es, de ningún modo, equivalente a una implicación. Para poner un ejemplo, y entrando de lleno en el reino de lo contrafáctico, imaginemos que la «legitimación» de Freud por Lacan consistiese en una formalización de la teoría de Freud: esa operación de legitimación (en este caso, la «formalización») no permitiría, por sí misma, deducir de ningún mo-

---

[6] Aunque bien podría ser esta la verdad última: ya hemos encontrado estructuras como «ser el padre del padre que me gustaría tener», por ejemplo en la p. 47.

do que «Lacan ⟶ Freud». Lo que sucede es que la estructura de la noción de legitimación está mal analizada, pues no coincide con, ni es más fuerte que, la de implicación.

Es más: *si* se diese el caso (y tuviese sentido) de que Lacan ⟹ Freud, *entonces* sí que podría deducirse, de algún modo, que Freud estaría legitimado por Lacan. La inferencia recíproca, que es la que maneja el señor Ortega, en cambio, no se sostiene.

De todos modos, y puesto que nuestro empeño es intentar entender qué está proponiendo el señor Ortega, pasemos por alto este detalle, y volvamos al análisis de lo que sugiere la conclusión de su deducción, aunque ésta nos parezca errónea. Lo que se estaría planteando entonces el señor Ortega sería si

$$\text{Lacan} \implies \text{Freud}. \qquad (4.1)$$

Desde esta perspectiva, la única manera de intentar reparar la propuesta del señor Ortega para que tenga sentido, evitando a la vez la objeción de los nombres propios,[7] es suponer que por «Lacan» o «Freud» se está refiriendo a *proposiciones*, o, siendo un poco laxos, a *sus respectivas teorías*.[8] De ese modo, la *teoría* de Lacan *implicaría lógicamente* (*pues-*

---

[7] *Cfr.* la p. 89.

μτ   [8] Suponiendo, lo que es mucho, que fuesen *finitamente axiomatizables*.

to que, según el señor Ortega, «es una legitimación de Freud») la *teoría* de Freud. Pero, si examinamos nuestro intento de reparación con más detalle, veremos en seguida que no hemos tenido éxito: la teoría de Lacan no está formalizada, como hemos mostrado en el primer capítulo, y desde luego tampoco lo está la de Freud, con lo que la implicación lógica carece de sentido, *en términos lógicos.*

4.1.2 *El problema en su contexto*

Nos encontramos, pues, con que no sabemos muy bien qué significación asignar a la expresión que nos ocupa; quizá examinándola en su contexto tengamos más éxito. El artículo empieza con una referencia a una exposición del Dr. Darin McNabb titulada *Problemas de la Filosofía contemporánea*, e incluye el siguiente esquema de McNabb, que copiamos literalmente, sin corregir los errores que contiene:

```
   FREUD       MARX       NIETSZCHE
     |          |            |
     V          V            V
   LACAN    ALTHUSSER     FOCAULT
```

Más adelante (párrafo 4) leemos «siguiendo las implicaciones de dicho esquema»,[9] de modo que tendríamos como punto de partida de la reflexión del señor Ortega que

$$Freud \longrightarrow Lacan,$$

lo que, considerando que en la sección anterior había propuesto que «Lacan $\longrightarrow$ Freud», plantearía la posibilidad de que

$$Freud \longleftrightarrow Lacan,$$

es decir, y dicho en términos lógicos, de que Freud y Lacan sean *materialmente equivalentes*.

No queremos agotar al lector ni repetirnos demasiado: la equivalencia material, del mismo modo que la implicación material, sólo se aplica a entidades que puedan ser verdaderas o falsas, y los nombres propios no se cuentan entre ellas.[10] Quizá la confusión del señor Ortega sea sistemática y esté refiriéndose a la implicación lógica,

$$Freud \implies Lacan,$$

---

[9]Técnicamente, nos parece que se trata más bien de una serie de *flechas* en un *esquema*, pero si el señor ORTEGA quiere leer en esas flechas «implicaciones» no vamos a contradecirle.

[10]*Cfr.* la p. 89.

lo que, contando con la fórmula 4.1, haría que lo que quisiese plantearnos fuese la posible *equivalencia lógica* de Freud y Lacan:

$$\text{Freud} \Longleftrightarrow \text{Lacan.}$$

Esto no tiene mucho sentido porque, ya lo hemos dicho, ni «Freud» ni «Lacan» son proposiciones ni teorías,[11] que es a lo que se aplica el operador metalingüístico «$\Longleftrightarrow$». Sin embargo, más adelante (párrafo 8) encontramos lo siguiente: «la cuestión es si [...] podemos definir una relación de identidad entre el proyecto freudiano y el lacaniano», que remite a la identidad (en este caso, de «proyectos»), no a la equivalencia lógica; y aun más tarde, en la misma frase, «e incluso si puede formularse un enunciado bicondicional de tal forma que [...] podamos decir que [...] se da una coimplicación entre ellos», lo que oscila entre la equivalencia material y la lógica.

Nuestra desorientación aquí es máxima: podemos definir un proyecto, simplificando muchísimo, como una frase en infinitivo, del estilo de «erradicar el hambre en el mundo» (bueno y hermoso), o «poner una estatua de Aznar en todas las plazas de España» (malo y además estéticamente repulsivo), pero una frase en infinitivo no es, por su naturale-

---

[11] *Cfr.* la sección 4.1.1, *«En términos lógicos»*, especialmente a partir de la p. 92.

za, ni verdadera ni falsa, aunque pueda recibir, por ejemplo, una calificación ética o estética.

Centrémonos: lo que el señor Ortega se está preguntando es si «podemos definir una relación de identidad» entre el proyecto lacaniano y el freudiano, «e incluso» (como si fuese más) si podemos decir que «se da una coimplicación entre ellos». Pero la «coimplicación» no es una forma fuerte de la identidad; de hecho, la identidad se aplica a *términos* y la implicación a *fórmulas*, de modo que son conceptos *ontológicamente diversos*.

Por otra parte, la expresión «podemos definir una relación de identidad» da a entender que la «relación de identidad» sería una «relación definida». Las relaciones definidas, en términos lógicos, se construyen a partir de relaciones y operaciones más sencillas, pero el texto del señor Ortega no nos da ninguna pista de cómo podría establecerse tal definición.

Todo esto es muy confuso. Retrocedamos hasta el principio del párrafo 7. Ahí leemos lo siguiente:

> *Me parece que el problema puede ser visto desde otra perspectiva. Desde Leibniz sabemos que la identidad (ley de la indicernibilidad [sic] de los idénticos) se define por una relación interna [...].*

Aquí el señor Ortega está confundiendo las dos formas de la llamada ley de Leibniz: la *identidad de los indiscernibles* (si dos objetos tienen exactamente las mismas propiedades, entonces tienen que ser el mismo objeto o, dicho de otra manera, si dos objetos son diferentes tiene que haber una propiedad que los distinga) y la *indiscernibilidad de los idénticos* (si dos objetos son idénticos, entonces tienen exactamente las mismas propiedades).

La indiscernibilidad de los idénticos no *define* lo que pasa con objetos idénticos, sino que *expresa* una propiedad característica de dicha identidad, que en general se acepta como una verdad lógica. La identidad de los indiscernibles, por otro lado, sí puede tomarse como una *definición* de la identidad: «dos objetos son idénticos si y sólo si son indiscernibles».[12]

> Un ejemplo de definición de la identidad τ
> mediante la indiscernibilidad es el Axioma de
> Extensionalidad de la Teoría de Conjuntos: dos
> conjuntos son iguales cuando tienen los mismos elementos. Como el hecho de que si son
> iguales tienen los mismos elementos es una verdad lógica (indiscernibilidad de los idénticos),
> a veces se enuncia el postulado como un bicondicional: dos conjuntos son iguales si y sólo si

---

[12] Aunque, en términos generales, la utilidad de dicha definición es limitada, al tratarse de una fórmula de segundo orden. τ

tienen los mismos elementos, o, más formal-
mente:

$$(\forall a)(\forall b)(a = b \longleftrightarrow (\forall x)(x \in a \longleftrightarrow x \in b)).$$

Esta definición expresa la idea de que un
conjunto está compuesto únicamente por sus
elementos.

En este sentido, la identidad (o igualdad)
está *definida*, en la Teoría de Conjuntos, por
esta misma fórmula, lo que permite reducir el
lenguaje a una única relación extralógica: la
pertenencia « $\in$ ».

Ahora bien, ¿qué es lo que realmente se está
planteando el señor Ortega? ¿Si Freud y Lacan son
idénticos? ¿Si son *indiscernibles*? ¿O si, como escribe más abajo, sus «proyectos» lo son? Lo cierto
es que, por mucho que nos esforcemos en asignar
diferentes significaciones a las etiquetas «Freud» y
«Lacan» (nombres propios, sus obras, sus respectivas teorías, sus respectivos proyectos, etcétera),
tanto la consideración de que sean idénticos como
la de que sean indiscernibles nos lleva inmediatamente a consecuencias absurdas. Volveremos con
más detenimiento sobre esta cuestión más adelante.

La última frase citada continúa del siguiente
modo:

sin embargo el problema adquiere una
nueva dimensión a la luz de un análi-
sis lógico de los designadores en juego,

trátense éstos de designadores rígidos (posibilidad del lenguaje modal formal) o no rígidos.

Los designadores rígidos fueron introducidos por Saul A. Kripke en *Naming and Necessity* [52]. El «lenguaje modal formal» (que *no* se aplica precisamente a los designadores rígidos, al menos en la obra de Kripke, que los define de un modo *informal*), define su semántica más habitual precisamente mediante las llamadas *semánticas de Kripke.*

En dichas construcciones formales se parte de un conjunto de «mundos» M conectados por una relación de visibilidad R; dada una fórmula φ y un mundo determinado m, se define la relación $\models$ del siguiente modo: $\mu\tau$

- «$m \models \neg\varphi$» (φ es *falso* en m) si y sólo si $m \not\models \varphi$.

- «$m \models \varphi \longrightarrow \psi$» ($\varphi \longrightarrow \psi$ se satisface en m) si y sólo si $m \not\models \varphi$ o $m \models \psi$.

- «$m \models \Box\varphi$» (φ es *necesariamente verdadera* en m) si y sólo si φ se satisface en todos los mundos n visibles desde m.

Si damos estos detalles, que sólo sirven para iniciar una de las complejas construcciones simbólicas necesarias para dar un sentido a las diversas formas de la lógica modal, no es más que para remarcar la distancia que separa la cuestión en juego (la relación entre «Freud» y

«Lacan») de las referencias en las que se pretende apoyarla.

El autor continúa:

> *Esto es: si a y b son designadores rí-*
> *gidos, se sigue que si a = b es verdad,*
> *entonces es una verdad necesaria. Si a*
> *y b no son designadores rígidos no pue-*
> *de seguirse esa conclusión respecto del*
> *enunciado a = b (aunque los objetos*
> *designados por a y b sean iguales en un*
> *sentido importante).*

La precisión «en un sentido importante»
abre interesantísimas perspectivas: parece que
el señor Ortega ha inventado un nuevo tipo de
igualdad, que puede ser «importante» o «no
importante» (aunque nos deja en la ignorancia respecto a si se admiten las gradaciones in-
termedias, como «un poco importante», o las
superlativas, como «importantísimo»). No nos
queda clara, tampoco, la ordenación relativa
de igualdades como «2 = 2» y «$\frac{1}{2} = \frac{2}{4}$» en la
jerarquía de la importancia.

También nos interesa el uso del adversativo
«aunque». Es posible que el autor crea que si
los objetos designados por *a* y *b* son iguales
«en un sentido muy importante», por ejemplo,
la igualdad se convierte automáticamente en
«necesaria».

Uno se pregunta en qué sentido piensa el autor que la «nueva dimensión» que ha aportado al «problema» sirve para aclarar las cosas. ¿Realmente, se está preguntando si «Freud» y «Lacan» son *designadores rígidos*? Sería interesante saberlo, porque son consideraciones que nos llevan directamente a escenarios de ciencia-ficción: «en un mundo alternativo, idéntico por todo lo demás a la Tierra, sucedía que Lacan no se llamaba Jacques Marie Emile Lacan, sino Paco Marhuenda, y viceversa; cuando Lacan fue nombrado director de *La Razón*...», o a preguntas de cariz tirando a catequético: «¡papá, papá!, ¿verdad que el buen Dios, papá, no permitiría jamás que, en caso de ser idénticos Freud y Lacan, no lo fuesen necesariamente?».

> La semántica de Kripke para la lógica modal es muy entretenida. En un mundo ciego (que no ve ningún mundo, ni siquiera a sí mismo), todo es necesario y a la vez nada es posible. En un mundo solipsista (que sólo se ve a sí mismo), todas las verdades son necesarias, y todo lo necesario es verdadero. Qué tendrá que ver todo esto con «Freud», con «Lacan» y con la «relación» entre ellos es algo que se nos escapa por completo. τ

Sin que medie nada más, en el siguiente párrafo (número 8) el autor se refiere, sin citar la referencia, a los análisis de la nominación realizados por Willard van Orman Quine en *Word and Object* [81]:

> *Como sostiene Quine sobre el problema de la nominación de un objeto, un planeta, por ejemplo, puede ser etiquetado dos veces (Venus = Estrella matutina), o bien, el caso de que el Monte Everest se llama así visto desde Nepal, pero desde el Tibet (sic) esa montaña es llamada "Gaurisanker".*

Así, desde esta perspectiva, «Lacan» y «Freud» serían distintas «etiquetas» para el mismo «objeto» (presumiblemente, «el psicoanálisis»). Reproduzco a continuación el resto del párrafo, que incluye varios fragmentos que ya hemos comentado:

> *La cuestión es, si en el caso del psicoanálisis, podemos definir una relación de identidad entre el proyecto freudiano y el lacaniano, si ambos se ocupan del Inconsciente y del problema del sujeto, e incluso si puede formularse un enunciado bicondicional de tal forma que aunque: "Freud ? Lacan" (sic), podamos decir que más bien, se da una coimplicación entre ellos: "Freud Lacan" (sic). Incluso, Lacan ha aseverado que su "retorno a Freud", es una legitimación de Freud, pareciendo apuntar en términos lógicos que:*

```
Lacan ---> Freud.
```

Aquí, el señor Ortega incurre en una petición de principio: la teoría de Freud *no se ocupa del «problema del sujeto»*. Esa es una lectura lacaniana, que puede ser más o menos feliz, pero desde luego no es la única, ni «se deduce» de la obra de Freud, ni mucho menos es «necesariamente verdadera».

Inmediatamente después (párrafo 9) el artículo continúa con «El problema no es simple [...]». En esto estamos de acuerdo. También es verdad que el señor Ortega se ha metido él solito en una serie de *problemas* en los que no le hacía ninguna falta meterse. Para nosotros será suficiente con ocuparnos de los ya presentados: dejaremos de acompañarle a partir de este punto.

4.1.3 Un diagnóstico, en términos lógicos

Si ahora intentamos abarcar con la mirada lo que hemos expuesto, lo primero que nos salta a la vista es la gravísima *indefinición ontológica* que atraviesa todo el texto. En efecto, en cuanto a las etiquetas «Freud» y «Lacan», no se sabe bien si se refieren a:

- Las personas (*nombres propios*).

- Su obra (*nombres para los respectivos conjuntos de obras*).

- Sus teorías (*nombres para las teorías que se desprenden de los conjuntos de obras*).

- Sus «proyectos» (*nombres para los proyectos*).

Ya hemos resaltado anteriormente que la cuestión no es una fineza técnica prescindible, sino algo completamente esencial, puesto que *según* la categoría ontológica que se asigne a esas etiquetas son *sintácticamente válidas* o no determinadas expresiones; no hablemos ya de la *semántica*.

Lo mismo sucede con la «relación» entre «Freud» y «Lacan». Más allá de la significación que se asigne a esas etiquetas, nos encontramos con:

- «Freud $\longrightarrow$ Lacan», que el señor Ortega denomina «implicación» (el símbolo corresponde a la implicación material).

- Del mismo modo, encontramos «Lacan $\longrightarrow$ Freud», y la pregunta sobre si podría darse una coimplicación, que parece corresponder a «Freud $\longleftrightarrow$ Lacan» (equivalencia material).

- Las ambigüedades del texto nos hacen pensar en una confusión entre las formas material y lógica de la implicación y la equivalencia.

- Se habla también de la posible identidad entre los «proyectos» lacaniano y freudiano.

- En un momento se plantea la posibilidad de
  que «Lacan» y «Freud» sean designadores rígidos, lo que haría que la «identidad» fuese
  «necesaria».

- En otro momento se plantea que la «relación
  de identidad» pueda ser «definida», no se sabe bien en base a qué.

En resumen: equivalencia material, equivalencia
deductiva, equivalencia semántica, identidad, identidad necesaria e identidad definible, y tratadas como si fuesen más o menos intercambiables, cuando
es clarísimo, para alguien que tenga la más mínima
idea de Lógica, que no lo son bajo ningún concepto, salvo para algunos pares, y en circunstancias
especiales.[13]

---

[13]Por ejemplo, para la equivalencia semántica y la deduc- $\mu\tau$
tiva, cuando el sistema formal es sólido y completo.

4.2 Segunda parte: Análisis de una serie de síntomas

4.2.1 Qué está planteando realmente el señor Ortega, y algunas consecuencias

El bombardeo de referencias lógicas a que nos somete el señor Ortega puede hacernos olvidar una pregunta que se hace imprescindible dirigir a su texto: *¿qué está planteando, realmente?*

Veámoslo. Hay suficientes indicaciones: si «podemos definir una relación de identidad entre el proyecto freudiano y el lacaniano», si «puede formularse un enunciado bicondicional de tal forma que [...] podamos decir que [...] se da una coimplicación entre [...] Freud [y] Lacan», e incluso si, en el caso de que «Freud» y «Lacan» fuesen designadores rígidos, si esa identidad, que los haría además indiscernibles, es una identidad necesaria.

El señor Ortega, está claro, no maneja muy bien las referencias lógicas; intentemos entendernos en un registro más coloquial. ¿De verdad está preguntándose si «Freud» y «Lacan», más allá del sentido que se les dé a esas «etiquetas», son *indiscernibles*, lo que quiere decir *si no hay ninguna propiedad que los diferencie*? Son personajes históricos distintos, autores distintos, tienen distintas teorías. ¿Si son *idénticos*? ¿Qué *sandez*[14] es esta? ¿Cómo van a ser

---

[14]Para entender el sentido en el que usamos en este ca-

«idénticos», Freud y Lacan? ¡Ah, se nos estaba hablando de sus «proyectos»! Pero, ya lo hemos visto, sus proyectos no son idénticos: Freud *no* se ocupa del «sujeto». ¿Qué se quiere decir con «un enunciado bicondicional»? Por lo visto ahora estamos hablando de *teorías*. Pero las teorías no están formalizadas, no se ve cómo se podría establecer una «coimplicación», *en términos lógicos*.

Freud, legitimador de Lacan

Seamos todavía más coloquiales. El señor Ortega plantea primeramente si Lacan es una *consecuencia lógica* de Freud. Pero *si* Lacan fuese una consecuencia lógica de Freud, *entonces* no podría haber, en la teoría de Lacan, ningún aspecto que no fuese deducible de la teoría de Freud. Y eso no sería admisible ni para el propio Lacan: por ejemplo, para lo Imaginario, lo Simbólico y lo Real («mis tres no son los suyos», dice en el Seminario de Caracas [54]) o para el objeto *a*, su «único invento» [64].

Por tanto, Lacan *no es* una consecuencia lógica de Freud; sin embargo, algo transpira, se insinúa, en ese planteamiento. En efecto: *si* se diese el caso de que Lacan fuese una consecuencia lógica de Freud, *entonces* Lacan estaría completamente legitimado

---

pítulo este término consúltese la n. 21 en la p. 22.

por Freud (y no al revés, como asevera Lacan según el señor Ortega).

Freud como obra cerrada y consecuencia de Lacan

Después, el señor Ortega se plantea, y en esto cree poder apoyarse en el mismo Lacan, si Freud es una *consecuencia lógica* de Lacan. Aquí entramos más de lleno en el terreno de la realización alucinatoria de deseos. Lacan estaría «formalizado» y, además, ¡permitiría deducir *todo Freud* a partir de Lacan! Esto presupone, *en términos lógicos*, que Freud esté él mismo *formalizado*; es realmente extraordinario: sin duda, nos encontramos en la presencia de otro *dichoso azar*.[15]

¿A qué nos lleva, tanto azar venturoso? Ya lo vemos: Lacan legitima a Freud; por lo visto Freud, pobrecito, no podía legitimarse solo, necesitaba la ayuda de Lacan. Otra vez la cantinela de que Lacan salva a Freud:[16] en este caso, lo «legitima». Le hace de todo, verdaderamente: un día lo «formaliza»,[17] otro lo «legitima»; no se sabe bien qué

---

[15]En todo el capítulo, las referencias al «azar», el «buen azar», el «dichoso azar», la «dicha», etcétera, remiten a la sección 2.6, *«Un dichoso azar»*, en la p. 45.

[16]*Cfr.* «*Estricturas en psicoanálisis: incontaminado, riguroso, virginal, estrecho*» en la p. 51.

[17]*Cfr. Y Lacan lo formal izó* en la p. 1.

vendrá después. Pero, y esto es lo más grave en este caso, se propone como una *anterioridad lógica de Freud*. El «fundador» o «descubridor» es ahora una *consecuencia* de Lacan. La obra de Freud queda completamente cerrada, ya que es una pura y simple *consecuencia*. El síntoma aquí es múltiple; su *consecuencia* más directa salta a la vista: *o bien* no se lee más a Freud, *o bien* se lo lee acompañando a Lacan, creando así una *única lectura autorizada*.

Del juego del teléfono a la regresión infinita

Anteriormente[18] hemos denunciado la especie de juego del teléfono que se inicia con Lacan: para entender a Freud se haría imprescindible leer a Lacan, pero para entender a Lacan habría que leer a Miller, para entender a Miller a un buen divulgador de Miller, etcétera. En este caso nos encontramos con una versión más fuerte de la idea: lo que se propone es que Lacan *precede lógicamente* a Freud. Lo curioso es que la cadena regresiva, según algunos autores, no termina ahí. Por ejemplo, Jean-Michel Vappereau, en su *Estofa* [96, p. xv], escribe:[19]

---

[18] *Cfr.* por ejemplo las secciones 1.3, *El aspecto semántico*, en la p. 16 y 3.4.2, *El cierre especulativo-formalista: oral, anal, escópico, invocante*, en la p. 71.

[19] El énfasis es propio.

> *Damos los componentes algebraicos clásicos, es decir elementales (Bourbaki) de la topología del sujeto [...]*, necesarios para la lectura de Freud y Lacan.

Otra vez algo extraordinario: los «componentes algebraicos clásicos de la topología del sujeto» son «necesarios para la lectura de Freud y Lacan». Imaginamos que esto le concede al señor Vappereau un estatuto de anterioridad lógica con respecto a Lacan y Freud.

¡Qué decimos, anterioridad lógica! Anterioridad *de sentido*: sin los «componentes de la topología del sujeto», la lectura de Lacan y de Freud es *imposible* (puesto que esos «componentes» son *necesarios*).

> Un *azar* tan *dichoso* nos embargaría por completo si no nos animase a su vez, demorando nuestra plena absorción, la esperanza de ver aparecer en nuestro horizonte a un nuevo autor A_1 que nos proponga elementos necesarios, también nuevos e imprescindibles, en este caso, para leer al señor Vappereau, a Freud y a Lacan; y después aún otro autor A_2, cargado de sus propios elementos necesarios; y así sucesivamente.

4.2.2   Cobardías variadas, y el compromiso onto-
lógico

Una objeción frecuente ante una crítica del estilo de la que estamos haciendo es la siguiente: «Lacan (o el señor Ortega, o el autor de turno: aquí no
importa)[20] sólo utiliza estas referencias para hacernos pensar, son metáforas, son ayuda-memorias».[21]
Está bien; pero entonces no pretendamos que se
está «formalizando» nada, o que se está operando
«en términos lógicos». No tenemos nada en contra
de que se nos haga pensar; al contrario. Pero, ¿en
qué sentido nos «haría pensar» que se nos intente
vender una metáfora como una formalización, una
elucubración más o menos asociativa como un discurso establecido en términos lógicos?

Además, hay un aspecto de retroceso que debe ser denunciado. Se habla de formalización: muy
bien; pero, en cuanto alguien objeta algo, se re-
cula rápidamente: tan solo estábamos «haciendo
pensar», eran simplemente «metáforas», «ayuda-
memorias», etcétera. No, de ningún modo; eso tiene
un nombre, y muy preciso: se llama *cobardía intelectual*. O, si queremos ceñirnos a la terminología
lógica, *falta de compromiso ontológico*.[22]

---

[20]Para esta sección y la siguiente, *vid. supra* nuestra «Advertencia» en la 86.

[21]*Cfr.* p. 16.

[22]Es curioso que entre tanto manoseo de referencias per-

No se puede estar cambiando de categoría cuando a uno le interesa: *ahora es una metáfora, y ahora estoy hablando en términos lógicos*. ¿O resulta que el psicoanálisis, que *lo compromete a uno a responzabilizarse de lo que dice*, ya no se aplica aquí? ¿Los artículos que supuestamente son «de psicoanálisis teórico» serían, en este sentido, extrapsicoanalíticos, estarían eximidos de ser criticados? ¿El psicoanálisis, que se atreve con todo[23] creyendo hacer una lectura finísima, ameritaría para sí mismo tan sólo una lectura complaciente, gruesa?

Esta tendencia, cuando se convierte, cosa que ha sucedido, en una costumbre, hasta en una moda, tiene también otro nombre: *cobardía moral*. Y, si ser cobarde está de moda, no es de extrañar que se escriban cada vez más cosas ilegibles, como el artículo que nos ocupa. Esto en cuanto a la pretendida «producción científica»; no queremos ni pensar en cómo tienen que afectar, esas cobardías, a la *clínica*. ¿A quién le podría interesar tener un analista que sea un *cobarde intelectual y moral*? ¿Cómo trabaja alguien que *cambia de ontología* cada vez que le resulta conveniente?

---

tenecientes a la filosofía analítica no se haga nunca alusión a este excelente y clarificador concepto, trabajado ya por Quine, en 1948, en *On What There Is* [80] (reimpreso en *From a Logical Point of View: Nine Logico-philosophical Essays* [82]).

[23]Especialmente con lo que no domina, por lo que se lee.

4.2.3   Sobre las significaciones inefables

Nos ocuparemos ahora de otra objeción distinta, pero relacionada. Su enunciado es el siguiente: «Todo esto que Ud. dice quizás esté muy bien, *desde el punto de vista de la Lógica*, o quizás no (realmente, lo ignoro: yo lo que soy es psicoanalista); pero no tiene la menor relevancia para lo que nos ocupa, porque *en psicoanálisis*[24] estas cosas sobre las que Ud. comenta tienen *otra significación*». No hay ni que decir que, por lo general, si se pregunta por cuál sería esa «otra significación» no se obtiene respuesta alguna.[25]

En términos lógicos, es fácil desmontar la objeción, que no se sostiene en lo más mínimo; otra cosa sucede con sus efectos sintomáticos, demasiado extendidos y muy variados, y que, como se verá, son más bien devastadores.

En primer lugar, debe de resultarnos sospechoso que no se nos entregue inmediatamente esa «otra significación»: debe ser que no se dispone de ella, y la pretendida objeción, en realidad, no es más

---

[24]Nos hemos ocupado también de esta nada inocente muletilla en nuestro *Límites de la transferencia* [16].

[25]La objeción que examinamos tiene esta condición. Cuando lo que se obtiene como respuesta es que se trata de una «metáfora», etcétera, la objeción se convierte en otra, que acabamos de refutar (*vid. supra*).

que una falacia o, para ser más precisos, un vulgar truco de trilero.

En segundo lugar, y puesto que, como debería resultar obvio, el psicoanálisis no es un conocimiento universal, deberán de existir términos, denominaciones, conocimientos, etcétera, que no formen parte del psicoanálisis. Por ejemplo, la idea de «designador rígido» pertenece a la filosofía analítica, no al psicoanálisis. Sea E una de estas entidades que de entrada no son psicoanalíticas. *¿Por qué medio E*, una vez trasladada a un discurso que supuestamente es «de psicoanálisis», *se transforma automáticamente en algo distinto*? ¿Y *en qué* se transforma? Sobre esto no es posible saber nada. O más bien, sí que aprendemos algo: que «en psicoanálisis» las cosas funcionan de otra manera, y *por tanto*, y aquí viene algo muy llamativo, *dejan de ser válidos los conocimientos anteriores, no valen tampoco las relaciones previas que E pudiese haber tenido con otras entidades, no se pueden seguir aplicando los métodos críticos habituales (todo eso, claro está, no sería «psicoanalítico»)*. Cómo se opera tal transubstanciación de E en algo distinto, *en qué* consiste ese E' así transubstanciado, y *por qué* dejan de ser válidos los saberes anteriores para E' es algo que nunca es explicitado.

Lo que falla, desde cualquier punto de vista, es el supuesto proceso de incorporación de E a la «teoría psicoanalítica». Un designador rígido significa *lo mismo* «en psicoanálisis» que en cualquier otro lugar. Cuando el psicoanálisis quiere acuñar una significación especializada para una palabra de uso común, como «sexual» o «perversión» (cosa que cualquier disciplina hace: los números «primos», en Matemáticas, no son parientes de nadie, ni los «irracionales» se distinguen por sus ideas contrarias a la razón), lo consigue mediante un acuñado conceptual explícito, laborioso y articulado, muchas veces diseminado en gran cantidad de artículos. En cambio, en esta nueva variante del psicoanálisis enamorado de la Lógica, la Topología y la Teoría de Conjuntos, los términos adquirirían su estatuto especial en la teoría por el mero hecho de que los mencione un analista. Es querer llevar la performatividad demasiado lejos.

¿Cuál es el aspecto sintomático de todo este proceso? Es meridiano: no se trata, como se pretende, de un ejercicio de importación conceptual, sino de un ejercicio de *poder. Incorporo los términos que me da la gana*, dice la objeción, una vez desenmascarada, *y ni Ud. ni nadie tiene derecho a criticarme:* en psicoanálisis *las cosas suceden de otra manera, de acuerdo a leyes que le son propias.* Está bien; nadie le discute al psicoanálisis, desde luego, su derecho a tener sus propias regulaciones: llámelas «leyes» si eso le divierte; pero ninguna disciplina seria, que sepamos, ha venido al mundo equipada con la especial prerrogativa de poder tomar los términos de otras disciplinas y tratarlos sin respeto alguno, de cualquier manera, chapuceramente. ¿Quién suele hacer eso? Las formas más políticamente reaccionarias de la religión organizada o, en términos más generales, cualquier forma de poder. ¿Se estaría entonces buscando, su particularísimo «psicoanálisis», ese tipo de compañías?

Es llamativo que una disciplina como la analítica, siempre demasiado propensa a atribuir a la «resistencia» del adversario las incomprensiones que cree experimentar, se conduzca con las otras disciplinas como no soporta que se conduzcan con ella misma. Si uno quiere respeto, lo primero que tiene que hacer es ofrecerlo. Desde luego, como estrategia para buscar aliados en otros ámbitos, es claramente desastrosa.

El otro problema, francamente grave, es que este tipo de freno a la argumentación está demasiado extendido. Desalienta el espíritu crítico y la conversación civilizada, substituyéndolas por lemas, consignas, y en última instancia, órdenes. Produce estragos en el psiquismo de los candidatos; algunos de ellos devendrán psicoanalistas, siempre intelectualmente aterrorizados. Estos psicoanalistas, a su vez, y precisamente porque no pueden ni hablar ni pensar en lo que se ha hecho con ellos, reproducirán indefinidamente el síntoma: cuando tengan ocasión de ello, se apresurarán a publicar artículos «de psicoanálisis», en los que harán, hay que decirlo, cualquier desastre con la Lógica, la Topología y la Teoría de Conjuntos. Después les dirán a sus estudiantes, si llegan a tenerlos, que «en psicoanálisis» las cosas transcurren «de otra manera», o que se trata de «metáforas» para «hacernos pensar». Así gira y gira sin cesar la rueda, verdaderamente infernal, de la «lógica del psicoanálisis», la «topología del sujeto» o la «reducción que hizo Lacan del psicoanálisis a la Teoría de Conjuntos».

> Lo dice el propio Lacan, y lo repiten sus discípulos: véase por ejemplo la clase del 22 de junio de 1995 impartida por la Dra. Diana S. Rabinovich [83], profesora titular de la cátedra I de Psicoanálisis, Escuela Francesa, de la Facultad de Psicología de la Universidad de Buenos Aires, de donde extraemos la siguiente cita: «Entonces, si del lenguaje pasamos a lalengua,[26] si entre medio tenemos las letritas matemáticas, en un momento en que Lacan ha reducido el psicoanálisis a la teoría de los conjuntos, luego hace del inconsciente un conjunto abierto y no cerrado, y el nombre del inconsciente como conjunto abierto es lalengua».

---

[26]Sí, *lalengua* (*fr. lalangue*), todo junto. Es un lacanismo. (N. del A.)

¿Otra «metáfora», otra «ayuda-memoria»,
o se trata directamente, en este caso, de algo
que funciona «de otra manera»?

Dan ganas de darles un consejo: *déjenlo estar,
se van a volver completamente imbéciles, reconóz-
canlo de una vez, no tienen ni idea, dedíquense a
lo suyo, estarán mucho más tranquilos, trabajarán
mejor con los pacientes, y al menos no seguirán
desacreditando el psicoanálisis, como han venido
haciendo hasta ahora.* Pero no hay mayor sordo
que el que no quiere oír. O el que no *puede* oír;
aquí es más apropiado: tienen las orejas taponadas,
están atrapados en mecanismos de pertenencia, re-
conocimiento y prestigio increíblemente alienantes,
que les hacen creer que fuera de su pequeña o gran
agrupación sólo les espera el viento frío de la exco-
munión, el aislamiento y la retirada del saludo. O,
por qué no decirlo, quizá también *el fuego eterno*:
el llorar y el crujir de dientes.

4.2.4   *De un suicidio a plena luz del día*

Plantearemos para terminar el capítulo dos preguntas muy sencillas: la primera quiere saber *a
quién* van destinados este tipo de textos, y la segunda *para qué* se publican.

Si nos centramos en la primera, la verdad es
que lo que puede deducirse es bastante deprimen-
te. Un artículo como el que nos ocupa, en efecto, no

debería interesar, en realidad, a nadie. Una persona con buena formación en Lógica se verá detenida
inmediatamente, entre otras cosas, por la falta de
compromiso ontológico o, dicho de un modo más
académico, por la pésima ensalada conceptual que
nos presenta: todo está revuelto de cualquier manera y además irremisiblemente mal aliñado. Un
psicoanalista medio se perderá sin remedio: ya lo
hemos dicho anteriormente,[27] son gente *de letras*,
en general no están especialmente dotados para las
ciencias duras, y además carecen de la formación específica, que, no lo olvidemos, es muy especializada,
para poder manejarse con este tipo de referencias
(Kripke, Quine, Leibniz, etcétera) con un mínimo
de rigor. Un lector casual se encontrará con el mismo problema, con el agravante de que, además, no
le sonarán siquiera las referencias psicoanalíticas.

¿Por qué lee alguien este tipo de cosas, entonces? Aparentemente, es sencillo. Se presenta como
una moda, una especie de *seña de identidad*, de
pertenencia al clan: es lo que pasa por *literatura
psicoanalítica «culta»* en ciertos ambientes. Nadie
entiende gran cosa de lo que lee (desde luego, los
detalles supuestamente «lógicos» no se entienden:
es que *no tienen sentido*),[28] pero algo va quedan-

---

[27]En otros textos y en varios lugares de este, por ejemplo
en la p. 44.

[28]Más allá de sus efectos sintomáticos, que por supuesto

do. Los nombres empiezan a sonar: Frege, Cantor, Leibniz, Quine; algunos deben terminar creyendo que son analistas de la generación de Abraham o Ferenczi. Es como una teleserie: no hay que prestar mucha atención, siempre pasa lo mismo; tarde o temprano va a salir Russell, que es muy simpático y escribió algo sobre los principios, o Cantor, que se volvió loco, pobrecito, de tanto mirar al infinito, o Frege, que hacía dibujitos muy raros y se sacrificó mucho al final de su vida, qué valor hay que tener. Después se dan conferencias sobre el tema a gente que no entiende nada, y a inflarse bien el ego: uno es ya un psicoanalista prestigioso.

Además de ser patético, es una vergüenza. En efecto, ¿cómo se espera que el candidato, que tiene que trabajar con su aparato psíquico, pueda ejercer bien su trabajo si se pulveriza primero su cabeza tirándole por encima toneladas de *sandeces* de esta calaña? ¿O leer cosas inconsistentes y mal escritas, que además no pueden ser objeto de crítica, no produce ningún efecto, justamente, en el psiquismo de los psicoanalistas?

Estas cuestiones están íntimamente enlazadas con nuestra segunda pregunta: *¿para qué se publican este tipo de cosas?*

---

lo tienen, como hemos ido mostrando.

Desde el punto de vista de quien las escribe, la respuesta es muy sencilla, ya lo hemos avanzado: *por una cuestión de prestigio*. En todas partes encontramos el mismo autobombo, las mismas medallas, los mismos oropeles, los mismos galones. Se supone, por lo visto, que trastear con la Lógica, la Topología o la Teoría de Conjuntos *da puntos*. La ventaja es que nadie, verdaderamente nadie en absoluto, en la práctica, está en condiciones de cuestionar lo que se dice, con lo que se suele vivir de lo más tranquilo. Y los poquísimos que podrían hacerlo suelen vivir ellos mismos del cuento, como el señor Vappereau.[29]

Desde el punto de vista de la tendencia general, para ir completando una *operación de substitución* de Freud por Lacan. No es necesario que los peones conozcan los planos de la obra para que coloquen los ladrillos con diligencia, ni que el soldado esté al tanto de la estrategia que ha diseñado el general; no estamos haciendo ninguna atribución de intenciones, ningún psicologismo. Pero el efecto neto es este: Freud es explicado por Lacan, formalizado, sustentado, legitimado; hasta es su *consecuencia lógica*. Así puede irse completando una operación

---

[29]Entiéndasenos bien: del «cuento» de que sus obras son *necesarias* para la lectura de FREUD y LACAN (*vid. supra*), que no subscribiría prácticamente nadie, ni siquiera entre los psicoanalistas.

de *borramiento* de Freud, y hacer aparecer a Lacan y al lacanismo como el *único psicoanálisis verdadero.*

¿Cuál es el problema con todo esto, más allá de la destrucción de la mente de los candidatos, que en sí misma no es poca cosa? Que atrae justificadamente sobre el psicoanálisis la calificación de *pseudociencia*: aquella disciplina que pretende basarse en la ciencia pero sin hacer un uso correcto de ella.

No es pues de extrañar el marcado contraste que puede establecerse entre la primera mitad del siglo XX, en la que el psicoanálisis capturó el interés y la imaginación de artistas, escritores, filósofos, antropólogos, estudiosos de la religión, etcétera, y la época actual. Lo cierto es que de estos coqueteos con la formalización no se ha sacado absolutamente nada: no hay ni un solo lógico de prestigio que haya prestado la más mínima atención a estos supuestos «desarrollos psicoanalíticos». Se entiende: es que son demasiado chapuceros para ser tomados en serio.

4.3 Apéndice: La parte criticada de «Lacan racionalista»

A continuación reproducimos, sin modificación alguna y para comodidad del lector, parte de los párrafos citados en nuestro texto, extraídos del artículo original [76]. Cada párrafo viene precedido de su número encerrado entre corchetes.

[1] En una reciente exposición sobre los "Problemas de la Filosofía contemporánea", el Dr. Darin McNabb hizo una breve, pero sustanciosa exposición del panorama de la Postmodernidad y la relación de ciertos precursores, al discurso que se identifica con esos blasones. Una sección de la exposición tuvo como eje el análisis de los llamados: "maestros de la sospecha", es decir: Freud, Marx y Nietszche. El análisis señalaba a estos autores, como iniciadores de una veta de análisis de la "Realidad" antes inexplorada y que daría lugar al nacimiento de los innovadores planteamientos de Lacan, Althusser y Focault. De hecho el esquema en el pizarrón ofrecía a los ojos de los espectadores la clave de ese desciframiento de la siguiente forma:

```
FREUD        MARX      NIETSZCHE
  |           |            |
  V           V            V
LACAN      ALTHUSSER    FOCAULT
```

[4] Podría afirmarse, siguiendo las implicaciones de dicho esquema, que Freud es un pre-texto que permite a Lacan legitimar su propio discurso. [...]
[7] Me parece que el problema puede ser visto desde otra perspectiva. Desde Leibniz sabemos que la identidad (ley de

la indicernibilidad de los idénticos) se define por una relación interna, sin embargo el problema adquiere una nueva dimensión a la luz de un análisis lógico de los designadores en juego, trátense éstos de designadores rígidos (posibilidad del lenguaje modal formal) o no rígidos. Esto es: si "*a*" y "*b*" son designadores rígidos, se sigue que si "$a = b$" es verdad, entonces es una verdad necesaria. Si *a* y *b* no son designadores rígidos no puede seguirse esa conclusión respecto del enunciado "$a = b$" (aunque los objetos designados por a y b sean iguales en un sentido importante).

[8] Como sostiene Quine sobre el problema de la nominación de un objeto, un planeta, por ejemplo, puede ser etiquetado dos veces (Venus = Estrella matutina), o bien, el caso de que el Monte Everest se llama así visto desde Nepal, pero desde el Tibet esa montaña es llamada "Gaurisanker". La cuestión es, si en el caso del psicoanálisis, podemos definir una relación de identidad entre el proyecto freudiano y el lacaniano, si ambos se ocupan del Inconsciente y del problema del sujeto, e incluso si puede formularse un enunciado bicondicional de tal forma que aunque: "Freud? Lacan", podamos decir que más bien, se da una coimplicación entre ellos: "Freud Lacan". Incluso, Lacan ha aseverado que su "retorno a Freud", es una legitimación de Freud, pareciendo apuntar en términos lógicos que:

```
Lacan ---> Freud.
```

[9] El problema no es simple, [...]

CAPÍTULO 5

SETENTA Y CINCO AÑOS NO ES NADA

Guía de lectura para profanos

Las partes más técnicas se concentran en la sección «Precaución: un ejemplo hardcore» en la página 134, pero la idea general la debería poder seguir cualquier lector. Las demás consideraciones técnicas se relegan a notas al pie.

Presentación

Este capítulo está basado en el artículo del mismo título escrito en Buenos Aires, Ibiza y Barcelona en abril de 2009.[1]

Partiendo de una cita freudiana de 1933 en la que se considera la relación del psicoanálisis con otros «campos del saber» y que concluye de un modo optimista y alentador, viajamos adelante en el tiempo setenta y cinco años, para encontrarnos con un fragmento de propaganda universitaria y determinada nota al pie de una publicación lacaniana. Esto nos da lugar a cuestionar el optimismo de Freud. De hecho, nuestro diagnóstico es que la situación, en vez de experimentar «continua mejoría», como auguraba Freud, se está deteriorando a gran velocidad.

---

[1]El artículo fue publicado ese mismo mes en formato PDF [14] y en junio de 2009 en formato HTML [15] en la sección *Textos para pensar* de la web del EPBCN [92].

Además de por su interés intrínseco, incluimos también este artículo por razones históricas: ha revelado ser, con posterioridad a su escritura, el germen del programa que ha guiado nuestra investigación, razón por la que hemos añadido una serie de notas nuevas que acompañan el desarrollo ulterior de ese programa, aquí sólo esbozado.

5.1   El psicoanálisis en 1933, según Freud

En la 34ª de las *Nuevas conferencias de introducción al psicoanálisis*, titulada «*Esclarecimientos,
aplicaciones, orientaciones*» y publicada en 1933,
Freud examina la evolución histórica del psicoanálisis [46, pp. 134-135]. En sus inicios, el «primer propósito» del psicoanálisis fue «comprender
las perturbaciones de la vida anímica de los seres
humanos».

Más tarde,

> *el psicoanálisis se convirtió en psicolo-
> gía de lo profundo, y puesto que nada
> de lo que los hombres crean o cultivan
> puede comprenderse sin el auxilio de la
> psicología, casi naturalmente surgieron,
> se impusieron y exigieron elaboración
> las aplicaciones del psicoanálisis a nu-
> merosos campos del saber, en particular
> a las ciencias del espíritu.*

Esas «aplicaciones» «tropezaron con obstáculos» que «todavía no se han superado», ya que
«presupone[n] conocimientos especializados que el
analista no posee, en tanto quienes los poseen, los
especialistas, no saben nada de análisis y quizá ni
quieran saber».

¿Qué sucedió entonces? Que

los analistas, en calidad de diletantes, con un bagaje más o menos suficiente, a menudo obtenido a los apurones, incursionaron por esos campos del saber, como la mitología, la historia de la cultura, la etnología, la ciencia de la religión, etcétera.

Al principio se les trató como «intrusos» y fueron «desautorizados»:

No recibieron de los investigadores que allí tenían sentados sus reales mejor trato que el de intrusos, y al comienzo tanto sus métodos como sus resultados fueron —en la medida en que se les prestó atención— desautorizados. Pero esta situación experimenta continua mejoría: en todos los campos aumenta el número de personas que estudian psicoanálisis para aplicarlo[2] a su disciplina especializada, como unos colonos que relevaran a los pioneros.

---

[2] *Cfr.* la n. 24 en la p. 76.

5.2   Tres cuartos de siglo después, según la Universidad de León

¿Estaba justificado el optimismo de Freud expresado en la última frase? ¿Ha seguido produciéndose esa «continua mejoría»? Veámoslo, escogiendo un ejemplo al vuelo. En la propaganda en línea del *Instituto de Altos Estudios Universitarios* [29], de 2008,[3] y siguiendo el enlace *Estudios en Salud Mental*, encontramos la referencia a un «*Master en Psicoanálisis - Clínica del sujeto y del vínculo social*» impartido en la Universidad de León, en cuya presentación figura lo siguiente:

> *La lectura de la obra de S. Freud realizada por Jacques Lacan en la segunda mitad del siglo XX, restituye el vigor del descubrimiento freudiano y articula, pero también contrasta y desarrolla, sus referencias a otras disciplinas: Antropología, Lingüística, Lógica Matemática, Topología, Psicología, Medicina.*

Si tuviésemos que guiarnos por esta descripción, podríamos pensar que los «obstáculos» a los que se

---

[3]En la cenefa inferior encontramos los logotipos de las Universidades de Alcalá, Barcelona, Granada y León, además del *Institute for LifeLong Learning* de la Universidad de Barcelona.

refería Freud han sido ampliamente superados. *¡El psicoanálisis en la Universidad!* Incluso podríamos congratularnos por la amplitud de las «referencias» con las que ahora tiene que vérselas el psicoanálisis: *¡Lógica Matemática y Topología! ¡Sin duda esto ha llegado muy lejos!*, y nos dispondríamos seguramente a zambullirnos con entusiasmo en esa profusión de «referencias», tan amplia y seductora.

¿Será verdad lo que se afirma en la web del Instituto de Altos Estudios Universitarios? Vamos a internarnos en la literatura psicoanalítica actual para intentar contrastar esa información.

5.3   Precaución: un ejemplo *hardcore*

Elijamos pues un libro al azar; de hecho, se trata del segundo de dos volúmenes, *Lacaniana II* [87]; el primero está escrito por el conocido y prestigioso psicoanalista Moustapha Safouan, y el segundo, dirigido por el mismo psicoanalista, lo escriben otros autores. La obra completa consiste en una serie de resúmenes de los seminarios de Jacques Lacan, desde el primero, *Los escritos técnicos de Freud* [59], dictado en la temporada 1953-54, hasta el penúltimo, *La topología y el tiempo* (1978-79 [55]).

Busquemos alguna referencia a las Matemáticas: por ejemplo, en la recensión del Seminario 19,

«*...o peor*»,[4] encontramos una nota al pie [87, n. 31, p. 228] con referencias a la Teoría de Conjuntos que llama poderosamente nuestra atención: hablando del *Uno*, «que deriva completamente de lo real», el autor de la reseña, siguiendo a Lacan, lo relaciona con el *Parménides* de Platón y «con el trabajo sobre los conjuntos de Cantor». Aquí viene la nota, que reproducimos primero entera como referencia para el lector,[5] y en la que después intercalaremos nuestras observaciones.

El Uno *en cuestión es aquel cuyo estatuto fue completamente puesto en cuestión por los matemáticos y los lógicos del siglo* XIX. *Cantor, al demostrar que el cardinal del conjunto de las partes de un conjunto infinito es más grande que el del conjunto mismo, subvirtió el pensamiento clásico aplicado a los conjuntos finitos que enuncia que la parte es más pequeña que el todo. Lo que ha permitido, según Lacan, al estable-*

---

[4]«*...ou pire*» (1971-72). La recensión es de Dominique SIMONNEY, y está basada en una versión no comercial de la Asociación Lacaniana Internacional (a su vez basada en las llamadas «estenografías») y en notas personales del autor, puesto que la publicación del Seminario en Éditions du Seuil [67] es más tardía (2011).

[5]Que sabrá disculparnos la larga cita.

β

cer el infinito actual, es decir, un infinito en acto, y no tan potencial como el de Aristóteles, darle un nuevo estatuto al Uno: *aquel que resurgirá en el pasaje de un aleph al otro, a partir de* $\aleph^0$, *en cuyo caso cada franqueamiento de un infinito al otro podría ser enganchado con un «más uno». Notemos que Pascal es convocado nuevamente: su triángulo aritmético, reinterpretado por Lacan, dando de alguna manera, según este último, una anticipación y una razón, en el nivel aritmético, de los hallazgos sobre el infinito de Cantor.*

Estos diferentes aportes van a permitir a Lacan definir mejor el estatuto de este Uno, *en tanto situado siempre en un límite, un franqueamiento. El* Uno *es salto, ruptura, siempre «en más». Rompe la relación bi-unívoca [sic] de los números en un conjunto.*

«El *Uno* en cuestión es aquel cuyo estatuto fue completamente puesto en cuestión por los matemáticos y lógicos del siglo XIX». Se ha deslizado aquí algo parecido a un anacronismo: «el *Uno* en cuestión», es decir, ese del que estamos hablando, «que deriva completamente de lo real», «es» el de «los matemá-

ticos y lógicos del siglo XIX».[6] Es decir, *o bien* los
matemáticos y lógicos del siglo XIX ya hablaban de
lo que nosotros hablamos,[7] y entonces el psicoanálisis adquiere súbitamente la estirpe y la dignidad
de esas antiquísimas ciencias; *o bien* nosotros hablamos de lo que ellos hablan, lo que sería decir que
el psicoanálisis interviene en el campo de la Lógica
y las Matemáticas. De cualquier modo es altamen-
te sorprendente. Si descartamos la posibilidad de
que se trate de un anacronismo, estaríamos en presencia de una intervención de la que no se tiene
la menor noticia. Pero quizá no hemos entendido
bien; sigamos leyendo.

«Cantor, al demostrar que el cardinal del conjunto de las partes de un conjunto infinito es más
grande que el del conjunto mismo, subvirtió el pensamiento clásico aplicado a los conjuntos finitos que
enuncia que la parte es más pequeña que el todo».
Esto, además de ser sumamente confuso, es falso,
como veremos enseguida.

Pero antes de evaluar el valor de verdad de estas aseveraciones, se nos impone una objeción de
principio. La Teoría de Conjuntos es un área hiper-

---

[6]No está de más hacer notar aquí que el CANTOR que
está preocupado por «hacer de muchos uno» es el CANTOR
filosófico, no el CANTOR *matemático*.

[7]Lo que sería un «dichoso azar» (cfr. la sección 2.6 en
la p. 45).

especializada de la Matemática y la Lógica; en la Universidad de Barcelona, por ejemplo, es exclusivamente materia de Doctorado,[8] concretamente en el departamento de Lógica, Historia y Filosofía de la Ciencia de la Facultad de Filosofía; a este Doctorado concurren en su mayor parte licenciados en Filosofía y licenciados en Matemáticas. Los licenciados en Filosofía tienen grandes dificultades para seguir el desarrollo del aparato formal requerido para definir los conceptos logico-matemáticos necesarios para la Teoría de Conjuntos, y a menudo abandonan sus estudios por encontrarlos demasiado difíciles.

En particular, la noción de número cardinal, aplicada a conjuntos infinitos, es bastante complicada de entender para un neófito. Lacan (y también el autor del resumen, que cree necesario incluir en éste esa parte del seminario, aunque sea en una nota al pie) debía tener razones poderosísimas para recurrir a algo tan complicado en su desarrollo de lo que quería decir sobre el psicoanálisis. A menos que se trate de un puro y simple despilfarro argumental.[9]

---

[8]O *Máster*, en las nuevas denominaciones.

[9]Desde el punto de vista del sentido aparente del texto. Los otros sentidos, bien entramados entre sí, ya han ido apareciendo a lo largo de nuestro recorrido; aquí tendremos ocasión de volver a incidir en algunos de ellos y de encontrar otros nuevos.

Examinemos ahora la frase con más atención; el lector nos perdonará incurrir en lo mismo que criticamos,[10] pero no hay modo de hablar de este tipo de textos sin hacerlo. Cantor demostró [33, 34], en primer lugar, que hay más números reales que números naturales;[11] esto no es en absoluto evidente, pero, además, la misma noción de que los conjuntos infinitos se puedan contar, de modo que pueda haber «más» reales que naturales, requiere de un aparato conceptual que no está al alcance de cualquiera.[12]

A continuación, Cantor encontró una generalización de su demostración [32] [33, pp. 278-280] que probaba que el conjunto de todos los subconjuntos de un conjunto infinito, es decir, el «conjunto de las partes» de ese conjunto, es de mayor cardinalidad (es «más grande») que el conjunto de partida. Nuestra solidaridad está con el lector que esté sintiendo en este momento un ligero mareo —no tiene por qué entender en lo más mínimo qué estamos diciendo, porque probablemente no esté preparado para ello, ya que se trata de un lenguaje muy espe-

---

[10]Aclaremos a qué nos estamos refiriendo: a recurrir a Matemáticas especializadas para hablar de psicoanálisis.

[11]La demostración, muy elegante e ingeniosa, es demasiado técnica para ser reproducida aquí.

[12]En particular, no está al alcance de los psicoanalistas, a menos que reciban una importante formación suplementaria especializada.

cializado—. Lo peor es que, por lo que veremos en lo que viene inmediatamente, al autor del artículo le pasa lo mismo: tampoco entiende lo que está diciendo.

Efectivamente:

τ
> *Cantor, al demostrar [que el cardinal del conjunto de las partes de un conjunto es mayor que el del conjunto de partida], subvirtió el pensamiento clásico aplicado a los conjuntos finitos que enuncia que la parte es más pequeña que el todo.*

τ ¿No estábamos hablando de conjuntos infinitos? En los conjuntos infinitos la parte no es necesariamente más pequeña que el todo: pongamos en correspondencia uno-a-uno (es la manera de «contar» conjuntos infinitos) los números naturales y los números pares mediante la aplicación $n \mapsto 2n$: al 0 le corresponde el 0, al 1 el 2, al 2 el 4, al 3 el 6, etcétera; habremos mostrado que hay tantos números naturales como números pares, es decir, que una parte (los números pares) no es «más pequeña» que el todo (los números naturales) porque hay «la misma cantidad». Esto se sabe desde Galileo.[13]

μτ   Pero es que además lo que Cantor demuestra ¡no tiene nada que ver con la parte y el todo! Un

---

[13]Es lo que se conoce como la «Paradoja de GALILEO».

conjunto no es parte del conjunto de sus partes.
Para poder comportarnos como si un conjunto fuese parte del conjunto de sus partes (y así poderle
dar algún significado a la frase que estamos comen-
tando), es necesario utilizar antes algún artificio
matemático.[14] Y entonces la frase tampoco tiene
sentido, pues lo que demuestra Cantor es que, al
menos en ese caso, la parte *es* más pequeña que el
todo.

A veces un párrafo empieza mal, pero después
se aclara. Tomemos aire, y sigamos leyendo:[15]

> *Lo que ha permitido, según Lacan,*[16]
> *al establecer el infinito actual, es decir,*
> *un infinito en acto, y* no tan potencial
> *como el de Aristóteles, ...*

Que un infinito actual sea un infinito en acto nos
tranquiliza (no sabríamos qué hacer con un infinito contemporáneo), pero que pueda haber infinitos
«más o menos potenciales» es, claramente, una novedad —cuyo alcance se nos escapa, nos apresura-
mos a añadir.

Pero continuemos: «[...] [lo que ha permitido]
darle un nuevo estatuto al *Uno*: [...]». Se trata de

---

[14]Por ejemplo, la inyección canónica $x \mapsto \{x\}$. τ

[15]El énfasis es nuestro.

[16]Aquí LACAN es llamado cuando el autor desfallece.

frases complicadas, con muchas subordinadas, y vamos a necesitar un pequeño trabajo de reconstrucción. Veamos. «Cantor subvirtió el pensamiento clásico sobre los conjuntos finitos» (la parte no tiene por qué ser más pequeña que el todo), «y eso ha permitido darle un nuevo estatuto al *Uno*»; siguen dos puntos, quizá nos espere una aclaratoria: «aquél que resurgirá en el pasaje de un aleph al otro, a partir de $\aleph^0$, en cuyo caso cada franqueamiento de un infinito al otro podría ser enganchado con un "más uno"».

Aquí nuestra desorientación, que corre pareja a la del autor, es máxima. Veamos:

τ   *En primer lugar*, el uso de los *alephs*, los números cardinales transfinitos definidos por Cantor, cae bajo la crítica del despilfarro mencionada anteriormente.[17]

τ   *En segundo lugar*, cuando se escribe sobre el «pasaje de un aleph al otro» (y eso sucede dos veces seguidas, y por lo tanto es un problema de comprensión del que escribe y no un error ortográfico) se está dando por sentado que sólo hay dos alephs (por lo visto, «uno» y «el otro»), lo que es una necedad porque la serie de los alephs en Cantor es *absolutamente infinita*.[18]

---

[17] *Cfr.* la p. 138.

μτ   [18] En su sentido técnico.

En tercer lugar, el punto de partida de la serie τ
de los alephs es $\aleph_0$, no $\aleph^0$,[19] que no es un símbolo
aceptable de la Teoría de Conjuntos.

En cuarto lugar, que «cada franqueamiento de
un infinito al otro podría ser enganchado con un
"más uno"» es una forma de hablar que no acepta-
ría ningún matemático del mundo.

En quinto y último lugar, decir que el *Uno* re- τ
surge en el pasaje de un $\aleph$ a otro (no *al* otro) es un
desatino, porque se aplica en general a cualquier secuencia indexada por los naturales, no es necesario
usar la secuencia de los alephs.[20]

5.4   ¡Déjenos respirar!

Para no incrementar todavía más la desazón del
lector, omitiremos la referencia a Pascal con la que
la nota continúa enredándose, y terminaremos con
las frases que la cierran: «El *Uno* es salto, ruptura, siempre "en más". Rompe la relación bi-unívoca
[*sic*] de los números en un conjunto». Como no encontramos ningún modo de asignar un sentido a

---

[19]El esforzado autor está siguiendo una versión «establecida» por analistas a los que tampoco hay por qué exigir
que entiendan del tema.

[20]Y si lo que se quiere resaltar es la operación de for- $\mu\tau$
mación de un conjunto en el límite, no es necesario recurrir
a la compleja noción de cardinal: con los ordinales límite
(técnicamente: ω, $\omega \cdot 2$, etcétera) es más que suficiente.

«la relación bi-unívoca de los números en un conjunto», desistiremos de realizar más esfuerzos con este texto.

El lector que haya tenido la paciencia (y, por qué no, también la presencia de espíritu) de seguirnos hasta aquí sentirá que se le agolpan las preguntas, y quizás también las objeciones. Nos encargaremos primero de estas últimas, para listar después las primeras, que nos parecen capaces de abrir perspectivas más interesantes.

5.5 Posibles objeciones

Estructuraremos esta sección en forma de una serie de preguntas-respuesta. Después de tanto espesor nos vendrá bien algo de aire.

¿Tiene algo contra el autor del resumen? — Les puedo asegurar que es un autor que desconocía hasta que cayó en mis manos *Lacaniana II*.

Sin duda se tratará entonces del peor ejemplo que podría haber elegido. — En absoluto. Podría encontrar multitud de otros ejemplos del mismo calibre, del mismo autor y de otros, en la misma obra.[21]

Cada vez experimentamos más dificultades para creer lo que nos dice, pero para continuar con su

---

[21] *Cfr.* por ejemplo nuestro examen del «dichoso azar» en la sección *«Un dichoso azar»* en la p. 45.

argumento, pongamos que usted está en lo cierto. Debe entonces de tratarse de una obra fallida, un garbanzo negro dentro de la literatura lacaniana. — Al contrario, si he elegido esta obra es porque es paradigmática de la escritura psicoanalítica lacaniana actual.[22]

Si las cosas son como usted dice —cosa que nos resulta imposible de creer— se tratará entonces de un problema en la lectura de Lacan: no se lo ha leído bien, no se lo ha comprendido, etcétera. ¡Lacan no puede estar tan equivocado! — No sé si Lacan está tan equivocado o no, pero lo que es seguro es que no es inmune a la crítica, al menos en cuanto a sus incursiones en la Topología, la Lógica y la Teoría de Conjuntos.[23]

Este tipo de obras contribuyen a aislar el psicoanálisis dentro de sí mismo, a darle mala fama en los ambientes universitarios y entre la gente culta en general, y a alejarlo por lo demás de la simpatía del público. Para decirlo con las palabras de Žižek [98, pp. 258-9],

---

[22]El lector que nos haya seguido hasta aquí se habrá convencido suficientemente de ello.

[23]*Cfr.* como ejemplos, el uso por parte de Lacan de la expresión «un buen azar» en la sección *«Un dichoso azar»* en la p. 45, y la discusión sobre la precedencia del punzón y los paréntesis angulares en la sección *«Contingencia de las notaciones»* en la p. 17.

*En cuanto a su propia organización,
las comunidades psicoanalíticas no funcionan como sociedades académicas
«normales» (como las sociedades matemáticas, sociológicas, etc): funcionan
de una manera que, desde el punto de
vista de las sociedades académicas «normales», no puede aparecer sino como
una disciplina «dogmática» entregada
a una eterna lucha de facciones entre
subgrupos dominados por un dirigente
fuerte o carismático, en que los con-
flictos no se resuelven por medio de la
argumentación o de la verificación em-
pírica, sino que se parecen a las luchas
religiosas sectarias. En definitiva, el fe-
nómeno de la transferencia (personal)
funciona aquí de una forma completamente diferente a la de la comunidad
académica «típica».*

Parece que algo extraño ha aprovechado para
colarse entre las objeciones. Démosle de todos modos paso:

*Usted es un ignorante que no ha entendido na-
da.* — Esperaba esta «crítica», que no es tal sino
una grosera descalificación *ad hominem*, por des-
gracia más común en los ambientes psicoanalíticos

de lo que se podría creer «desde fuera».[24] Por ejemplo, cuando Sokal y Bricmont publicaron sus *Imposturas intelectuales* [90], lo más granado de los matemáticos lacanianos preparó una respuesta que consistía en una página completa llena de frases incomprensibles, en el centro de la cual resaltaba en negrita la palabra inglesa «*asshole*». Los señalamientos de Sokal y Bricmont, más allá de su posición ideológica, no son para tomárselos a broma, y merecen ser discutidos en detalle. Si lo mejor que pueden producir los matemáticos lacanianos es un cartel de corte surrealista... *O peor...* quizá los autores de las *Tonterías de moda*[25] tenían después de todo buena parte de razón.

5.6 Optimismo prematuro

Parece ser pues que el optimismo al que nos predisponía el programa de la Universidad de León era prematuro e infundado. Volvamos sobre esa presentación, y leámosla con más atención; quizá nuestra ilusión provenga de una lectura apresurada, y al volver a leerla encontremos otra significación que se nos había escapado:

---

[24]La «eterna lucha de facciones» de la «disciplina dogmática» de Žižek.

[25]*Fashionable nonsense*: el título con el que el libro de Sokal y Bricmont [89] fue publicado en los EE. UU.

> *La lectura de [...] Freud realizada por [...] Lacan [...] restituye el vigor del descubrimiento freudiano* [el «descubrimiento freudiano» había perdido su vigor, por lo visto][26] *y articula [...] sus referencias a [...] [la] Lógica Matemática, [la] Topología [...]*

¿A qué se refiere el genitivo «sus»? Por proximidad, no puede referirse más que al «descubrimiento freudiano». De este modo, nos enteramos de que el «descubrimiento freudiano» tiene referencias a la Lógica Matemática y a la Topología, que «la lectura realizada por Lacan» simplemente «articula, pero también contrasta y desarrolla».

¡Pero en la obra de Freud no hay ninguna referencia a las Matemáticas ni a la Topología, y muy pocas a la Lógica, desde luego ninguna a la Lógica formal, y todavía menos a la Teoría de Conjuntos! ¿Qué está pasando aquí? Se trata sin duda de una operación de reescritura de la Historia, usando frases deliberadamente ambiguas, para legitimar y fundamentar las incursiones topológicas y lógico-

---

[26]Y el lacanismo puede así presentarse como su salvador, donde lo que queda siempre reprimido es el precio que se paga por semejante rescate.

La cuestión del precio, se comprobará, planea sobre todo el libro. *Cfr. v. gr.* las pp. 23 y ss., y la sección 2.7, *Secretos familiares*, en la p. 47.

matemáticas de Lacan en unas supuestas «referencias» que ya estarían en la obra de Freud; a Lacan sólo le habría quedado «articularlas, pero también contrastarlas y desarrollarlas».

Parece claro pues que no sólo la situación no ha mejorado, como esperaba Freud en 1933, sino que ha empeorado mucho. Antes, los psicoanalistas «incursionaban, en calidad de diletantes», en «campos del saber como la mitología, la historia de la cultura, la etnología, la ciencia de la religión, etcétera»; eran recibidos como «intrusos» y «al comienzo fueron desautorizados»; pero «esta situación experimentó continua mejoría»; nadie estaría en condiciones de negar hoy el fecundo intercambio que con el psicoanálisis se produjo desde esas disciplinas. En 2008, sin embargo, los psicoanalistas se dedican a escribir textos que ni ellos mismos entienden sobre temas para los que no están capacitados, no se sabe si para aclarar algo del psicoanálisis,[27] o para intervenir en otros campos del saber, que, por su parte, ya no se molestan en «desautorizar» al psicoanálisis, sino que simplemente lo ignoran como se ignora al loco.

---

[27] Aunque no se percibe cómo podría aclararse algo desde tanta oscuridad.

5.7   Preguntas

Dejemos ahora, y para terminar, que las preguntas se agolpen, para inmediatamente darles salida. No las responderemos, sino que las dejaremos simplemente plasmadas, haciendo de «Continuará...».[28]

¿Cómo se ha llegado a esta situación? ¿Por qué se repiten interminablemente estos temas, claramente muy alejados del interés del psicoanalista, por no hablar de los lectores en general[29] ni de la comunidad universitaria mundial en particular? ¿Por qué, además, se multiplican interminablemente recensiones de textos que los propios autores claramente no entienden en absoluto? ¿Qué se está haciendo entonces con la transmisión del psicoanálisis? ¿Y por qué siempre las mismas referencias? ¿No se ha escrito nada nuevo desde Frege, Cantor, Russell, etcétera? ¿Realmente se espera de un psicoanalista que entienda y domine esas referencias, o se le está condenando a ser de por vida un diletante? ¿No estará aquí en juego un mecanismo de

---

[28]Recordemos que el artículo que sirve de base para este capítulo [14] es, cronológicamente, el primero de la serie (2009). El «continuará» remite entonces a los cuatro primeros capítulos, así como a otros textos, algunos de los cuales esperan a ser escritos.

[29]A diferencia de las obras de FREUD, que siguen apasionando a lectores de todo tipo.

poder? ¿No llama la atención que el sistema universitario no haya hecho el menor caso[30] a estas
supuestas «articulaciones» entre el psicoanálisis y
la Lógica o la Teoría de Conjuntos? ¿Cabe aquí
abusar una vez más del concepto de resistencia, o
se trata de otra cosa? ¿No habrá intereses políticos
en juego? ¿Puede una disciplina como el psicoanálisis permitírselos, si aspira a sobrevivir sin quedar
completamente desvirtuada y devaluada, como uno
más entre los innumerables esoterismos *New Age*?

---

[30]En las facultades de Matemáticas o los departamentos
de Lógica de las de Filosofía; en las de Psicología, lamenta-
blemente, y como es bien sabido, a veces sucede *cualquier
cosa.*

APÉNDICES

BIBLIOGRAFÍA

[1] AGAZZI, Evandro. *La lógica simbólica*. Barcelona: Herder, 1973.

[2] ALONSO, Guillem y BLASCO, Josep Maria. «El projecte UBL (Llenguatge de la Universitat de Barcelona». En: *Informàtica* UB (3 1986), pp. 393-398. URL: http://www. epbcn.com/pdf/jose-maria-blasco/1986-01-El-projecte-UBL-Llenguatge-de-la-Universitat-de-Barcelona.pdf.

[3] ANZIEU, Didier. *El cuerpo de la obra: ensayos psicoanalíticos sobre el trabajo creador*. México: Siglo XXI, 1993.

[4] ATTIÉ, Joseph. «El psicoanálisis aplicado y el psicoanálisis puro». Trad. por SORIA, Nieves. En: *Virtualia. Revista digital de la Escuela de Orientación Lacaniana* (6 jun. de 2002). Publicado inicialmente en francés en *Mental* nº 10, de la Escuela Europea de Psicoanálisis. URL: http://virtualia.eol.org.ar/006/default.asp?notas/jattie-01.html (visitado 10-04-2014).

[5] AUTORES, Varios. *7 Conferencias del ciclo Psicoanálisis a la vista previo a la clase inaugural del Seminario Sigmund Freud: Clínica Psicoanalítica*. Eivissa: Escuela de Psicoanálisis de Ibiza, 1993.

[6] BENACERRAF, Paul. «What numbers could not be». En: *Philosophical Review* (74 (1) 1965), pp. 47-73.

[7] BLASCO, Josep Maria. *El compilador de Pascal P4*. URL: http://www.epbcn.com/web/jose-maria-blasco/el-compilador-de-pascal-p4/.

[8] BLASCO, Josep Maria. *El cálculo proposicional o de enunciados*. Trabajo presentado para la asignatura de Filosofía en quinto de Bachillerato. 1975. URL: http://www.epbcn.com/pdf/jose-maria-blasco/1975-El-calculo-proposicional-o-de-enunciados.pdf.

[9] BLASCO, Josep Maria. *El arte de amar*. Trabajo presentado para la asignatura de Filosofía en COU. 1977. URL: http://www.epbcn.com/pdf/jose-maria-blasco/1977-02-El-arte-de-amar.pdf.

[10] BLASCO, Josep Maria. *Introducción a la programación en* UBL. 1ª ed. Barcelona: Centre d'Informàtica - Universitat de Barcelona, 1985. URL: http://www.epbcn.com/pdf/jose-maria-blasco/1985-10-Introduccion-a-la-programacion-en-UBL.pdf.

[11] BLASCO, Josep Maria, ed. *Manual del usuario del lenguaje* UBL. Barcelona: Centro de Informática - Universidad de Barcelona, 1985. URL: http://www.epbcn.com/pdf/jose-maria-blasco/1985-07-03-Manual-del-usuario-del-lenguaje-UBL.pdf.

[12] BLASCO, Josep Maria. *El estadio del espejo: introducción a la teoría del yo en Lacan*. Publicado en [5]. 1992. URL: http://www.epbcn.com/pdf/jose-maria-blasco/1992-10-22-El-estadio-del-espejo-Introduccion-a-la-teoria-del-yo-en-Lacan.pdf.

[13] BLASCO, Josep Maria. *Modelos no estándar de la Aritmética de Peano*. 2006. URL: http://www.epbcn.com/pdf/jose-maria-blasco/2006-09-26-Modelos-no-estandar-de-la-Aritmetica-de-Peano.pdf.

[14] BLASCO, Josep Maria. *Setenta y cinco años no es nada*. 2009. URL: http://www.epbcn.com/pdf/jose-maria-blasco/2009-04-20-Setenta-y-cinco-anos-no-es-nada.pdf.

[15] BLASCO, Josep Maria. *Setenta y cinco años no es nada - Textos para pensar*. 2009. URL: http://www.epbcn.com/publicaciones-psicoanaliticas/2009/06/setenta-y-cinco-anos-no-es-nada/.

[16]   BLASCO, Josep Maria. *Límites de la transferencia*. 2012.
       URL: http://www.epbcn.com/pdf/jose-maria-blasco/
       2012-05-13-Limites-de-la-transferencia.pdf.

[17]   BLASCO, Josep Maria. *Los psicoanalistas no tienen cuer-
       po*. 2012. URL: http://www.epbcn.com/pdf/jose-maria-
       blasco/2012-05-13-Los-psicoanalistas-no-tienen-
       cuerpo.pdf.

[18]   BLASCO, Josep Maria. *Cualquier persona educada; un di-
       choso azar*. 2013. URL: http://www.epbcn.com/pdf/
       jose-maria-blasco/2013-05-11-Cualquier-persona-
       educada-un-dichoso-azar.pdf.

[19]   BLASCO, Josep Maria. *Cualquier persona educada; un
       dichoso azar*. 2013. URL: http://www.epbcn.com/
       publicaciones-psicoanaliticas/2013/12/cualquier-
       persona-educada-un-dichoso-azar/.

[20]   BLASCO, Josep Maria. *Y Lacan lo formal izó*. 2013. URL:
       http://www.epbcn.com/pdf/jose-maria-blasco/
       2013-05-11-Y-Lacan-lo-formal-izo.pdf.

[21]   BLASCO, Josep Maria. *Y Lacan lo formal izó - Tex-
       tos para pensar*. 2013. URL: http://www.epbcn.com/
       publicaciones-psicoanaliticas/2013/05/y-lacan-
       lo-formal-izo/.

[22]   BLASCO, Josep Maria. *Estricturas en psicoanálisis: incon-
       taminado, riguroso, virginal, estrecho*. 2014. URL: http:
       //www.epbcn.com/pdf/jose-maria-blasco/2014-05-
       10-Estricturas-en-psicoanalisis-incontaminado-
       riguroso-virginal-estrecho.pdf.

[23]   BLASCO, Josep Maria. *En términos lógicos*. 2015. URL:
       http://www.epbcn.com/pdf/jose-maria-blasco/
       2015-05-15-En-terminos-logicos.pdf.

[24]   BLASCO, Josep Maria. *Estricturas en psicoanálisis: incon-
       taminado, riguroso, virginal, estrecho - Textos para pen-
       sar*. 2015. URL: http://www.epbcn.com/publicaciones-
       psicoanaliticas / 2015 / 01 / estricturas - en -
       psicoanalisis-incontaminado-riguroso-virginal-
       estrecho/.

[25]   BLASCO, Josep Maria y ALONSO, Guillermo. «Lenguaje de la Universidad de Barcelona: Un lenguaje para la enseñanza de la programación en castellano». En: *Informática y Escuela*. Madrid: Ministerio de Educación y Ciencia, 1984, pp. 393-398. URL: http://www.epbcn.com/pdf/jose-maria-blasco/1984-11-UBL-Lenguaje-de-la-Universidad-de-Barcelona-Un-lenguaje-para-la-ensenanza-de-la-programacion-en-castelano.pdf.

[26]   BLASCO, Josep Maria y VEÀ, Andreu. *Andreu Veà entrevista a Josep Maria Blasco en Alcalá de Henares para el proyecto WiWiW*. URL: http://www.epbcn.com/pdf/jose-maria-blasco/2008-11-20-Entrevista-a-Jose-Maria-Blasco-por-Andreu-Vea-en-Alcala-de-Henares-para-el-proyecto-WiWiW.pdf.

[27]   BLASCO, Josep Maria y VEÀ, Andreu. *Josep Maria Blasco. Pionero de* EARN *y de las listas de distribución (*LISTSERV*)*. En [97], pp. 453-462. URL: http://www.epbcn.com/pdf/jose-maria-blasco/2013-11-20-Entrevista-en-Como-creamos-Internet.pdf.

[28]   BOADA, Enric. *Cuando morir sea una fiesta. Contramanifiesto para el tercer milenio*. 1ª ed. Barcelona: Icaria, 1997.

[29]   *Boletín Cursos Septiembre 2008*. URL: http://www.iaeu-edu.com/?utm_source=boletin&utm_medium=email&utm_content=cursos&utm_campaign=Boletin_Cursos_Septiembre08_IAEU_2 (visitado 01-01-2009).

[30]   BOOLOS, George. *Logic, Logic and Logic*. Cambridge, Massachusetts: Harvard University Press, 1999.

[31]   BOUCHER, Andrew. *"True" Arithmetic Can Prove Its Own Consistency*. URL: http://www.andrewboucher.com/papers/consistency.pdf (visitado 01-04-2013).

[32]   CANTOR, Georg. «Über eine elementare Frage der Mannigfaltigkeitslehre». En: *Jahresbericht der Deutschen Mathematiker-Vereininung* (I), pp. 75-78.

[33]   CANTOR, Georg. *Gesammelte Abhandlungen*. Berlín: Georg Holms, 1932.

[34] CANTOR, Georg. «Über eine Eigenschaft des Inbegriffes aller reellen algebraischen Zahlen». En: *Crelles Journal f. Mathematik* (77 1974), pp. 252-262.

[35] CHEN-CHI, Chang. *La práctica del Zen*. Buenos Aires: La Pléyade, 1971.

[36] *Diccionario de la lengua española*. Madrid: Real Academia Española. URL: http://www.rae.es/recursos/diccionarios/drae (visitado 10-04-2014).

[37] *Diccionario de sinónimos y antónimos (a-h)*. Madrid: Gredos, 1998.

[38] *Diccionario de sinónimos y antónimos (i-z)*. Madrid: Gredos, 1998.

[39] *Directorio Profesional Psicomundo - Julio Ortega Bobadilla*. URL: http://www.psicomundo.com/directorio/usuarios/ver/id/302 (visitado 05-04-2015).

[40] FEFERMAN, Solomon y BURDMAN FEFERMAN, Anita. *Alfred Tarski. Life and Logic*. Cambridge: Cambridge University Press, 2008.

[41] *Formal System - Wikipedia*. URL: http://en.wikipedia.org/wiki/Formal_system (visitado 01-04-2013).

[42] *Formalization - Wikipedia*. URL: http://en.wikipedia.org/wiki/Formalization (visitado 01-04-2013).

[43] FRANZÉN, Torkel. *Gödel's Theorem: An Incomplete Guide to Its Use and Abuse*. Buenos Aires: Manantial, 2005.

[44] FREGE, Gottlob. *The Foundations of Arithmetic. A logico-mathematical enquiry into the concept of number*. 2ª ed. Evanston, Illinois: Nortwestern University Press, 1986.

[45] FREUD, Sigmund. «A propósito de un caso de neurosis obsesiva». En: *Obras completas Sigmund Freud*. 2ª ed. Vol. X. Buenos Aires: Amorrortu, 1986.

[46] FREUD, Sigmund. *Nuevas conferencias de introducción al psicoanálisis y otras obras*. 2ª ed. Buenos Aires: Amorrortu, 1986.

[47]   GÖDEL, Kurt. «On Formally Undecidable Propositions
        of Principia Mathematica and Related Systems I». En:
        *From Frege to Gödel. A source book in Mathematical
        Logic, 1879-1931*. Cambridge: Harvard University Press,
        1967, pp. 596-616.

[48]   GORDILLO, Saül. *Sobirania.cat. 10 anys de la revolta po-
        lítica catalana a Internet*. 1ª ed. Barcelona: Crea't Edi-
        cions, 2014.

[49]   GRATTAN-GUINNESS, Ivor. *The Search for Mathematical
        Roots. 1870-1940. Logics, Set Theories and the Founda-
        tions of Mathematics from Cantor through Russell to Gö-
        del*. Princeton, New Jersey: Princeton University Press,
        2000.

[50]   HEIJENOORT, Jean VAN, ed. *From Frege to Gödel. A Sour-
        ce Book in Mathematical Logic. 1879-1931*. 3ª ed. Cam-
        bridge, Massachusetts: Harvard University Press, 1976.

[51]   HUGHES, George Edward y CRESSWELL, Max. *A New In-
        troduction to Modal Logic*. London: Routledge, 1996.

[52]   KRIPKE, Saul A. *Naming and Necessity*. 2ª ed. Cambrid-
        ge, Massachusetts: Harvard University Press, 1980.

[53]   LACAN, Jacques. *El Seminario 22. R.S.I., 1974-1975*.
        Versión crítica de Ricardo E. Rodríguez Ponte. Buenos
        Aires: Escuela Freudiana de Buenos Aires.

[54]   LACAN, Jacques. *El Seminario 27. Disolución, 1979-
        1980*. Versión crítica de Ricardo E. Rodríguez Ponte.
        Buenos Aires: Escuela Freudiana de Buenos Aires.

[55]   LACAN, Jacques. *El Seminario de Jacques Lacan, Libro
        26: La Topología y el Tiempo*. Inédito.

[56]   LACAN, Jacques. *Acta de Fundación. 21 de junio de
        1964*. 1964. URL: http://elp.org.es/wp-content/
        uploads/2013/02/1D_Textos-Fundacionales_Acta-
        de-Fundacion.pdf (visitado 01-05-2015).

[57]   LACAN, Jacques. *El Seminario de Jacques Lacan, Libro
        11: Los Cuatro Conceptos Fundamentales del Psicoanáli-
        sis*. 1ª ed. Barcelona: Paidós, 1973.

[58] LACAN, Jacques. «La Tercera». En: *Actas de la Escuela Freudiana de París*. Barcelona: Petrel, 1974, pp. 159-186. URL: `http://www.edipica.com.ar/archivos/jorge/psicoanalisis/lacan6.pdf` (visitado 15-04-2014).

[59] LACAN, Jacques. *El Seminario de Jacques Lacan, Libro 1: Los Escritos Técnicos de Freud*. 1ª ed. Barcelona: Paidós, 1981.

[60] LACAN, Jacques. «Posición del inconsciente en el congreso de Bonneval reanudada desde 1960 en 1964». En: *Escritos*. 15ª ed. Vol. 2. México: Siglo XXI, 1984, pp. 808-829.

[61] LACAN, Jacques. *El Seminario de Jacques Lacan. Libro 20. Aun. 1972-1973*. 2ª ed. Barcelona: Paidós, 1991.

[62] LACAN, Jacques. «Position de l'inconscient au congrès de Bonneval reprise de 1960 en 1964». En: *Écrits*. Vol. II. Nueva edición en formato de bolsillo. Paris: Seuil, 1999, pp. 309-330.

[63] LACAN, Jacques. *De un Otro al otro*. 1ª ed. Barcelona: Paidós, 2008.

[64] LACAN, Jacques. *El fracaso del Un-desliz es el amor. A la manera del seminario oral de Jacques Lacan. 1976-1977*. México: Ortega y Ortiz, 2008.

[65] LACAN, Jacques. *El Seminario 14. La lógica del fantasma, 1966-1977*. Versión crítica de Ricardo E. Rodríguez Ponte. Buenos Aires: Escuela Freudiana de Buenos Aires, 2008.

[66] LACAN, Jacques. *De un discurso que no fuera del semblante*. 1ª ed. Buenos Aires: Paidós, 2009.

[67] LACAN, Jacques. *El Seminario de Jacques Lacan, Libro 19: ...o peor, 1971-1972*. 1ª ed. Barcelona: Paidós, 2012.

[68] MILLER, Jacques-Alain. *Recorrido de Lacan. Ocho conferencias*. Reimpresión de la 1ª edición (1984) en *Hacia el Tercer encuentro del Campo Freudiano*. Buenos Aires: Manantial, 1986.

[69] MILNER, Jean-Claude. *La obra clara. Lacan, la ciencia, la filosofía*. Buenos Aires: Manantial, 1996.

[70] MOLINER, María. *Diccionario de uso del Español (A-H)*. 2ª ed. Madrid: Gredos, 1998.

[71] MOLINER, María. *Diccionario de uso del Español (I-Z)*. 2ª ed. Madrid: Gredos, 1998.

[72] MORENO, Jacob Levy. *Fundamentos de la sociometría*. 2ª ed. Buenos Aires: Paidós, 1972.

[73] MORIN, Isabelle. «La transmisión por el síntoma». En: *Desde el jardín de Freud* (12 2012). URL: `http://www.revista.unal.edu.co/index.php/jardin/article/download/36065/37437` (visitado 01-04-2013).

[74] MOSCHOVAKIS, Yiannis N. *Notes on Set Theory*. New York: Springer-Verlag, 1994.

[75] NASIO, Juan David. *Enseñanza de 7 Conceptos Cruciales del Psicoanálisis*. 4ª ed. Barcelona: Gedisa, 1996.

[76] ORTEGA BOBADILLA, Julio. *Lacan racionalista*. URL: `http://www.psicomundo.com/mexico/articulos/art6.htm` (visitado 05-04-2015).

[77] PENROSE, Roger. *The Emperor's New Mind: Concerning Computers, Minds and The Laws of Physics*. Oxford: Oxford University Press, 1989.

[78] PENROSE, Roger. *Shadows of the Mind: A Search for the Missing Science of Consciousness*. Oxford: Oxford University Press, 1994.

[79] PRIETO, Isabel. «Un apunte sobre la referencia de Lacan al Teorema de Stokes en 'Posición del inconsciente'». En: *Nodus. L'aperiòdic virtual de la Secció Clínica de Barcelona* (XXXIII mar. de 2011). URL: `http://www.scb-icf.net/nodus/contingut/article.php?art=394&pub=4&rev=49&idarea=3` (visitado 15-04-2014).

[80] QUINE, Willard Van Orman. «On What There Is». En: *Review of Metaphysics* (2 1948).

[81] QUINE, Willard Van Orman. *Word and Object*. Cambridge, Massachusetts: MIT Press, 1960.

[82] QUINE, Willard Van Orman. *From a Logical Point of View: Nine Logico-philosophical Essays*. Cambridge, Massachusetts: Harvard University Press, 1980.

[83] RABINOVICH, Diana S. *Lo imaginario, lo simbóli-co y lo real. Clase de la Dra. Diana S. Rabino-vich del 22/06/1995.* URL: http : / / 23118 . psi . uba . ar / academica / carrerasdegrado / psicologia / informacion _ adicional / electivas / francesa1 / material/Lo%20simbolico%20lo%20imaginario%20lo% 20real.pdf (visitado 05-04-2015).

[84] REY PASTOR, Julio, PI CALLEJA, Pedro y TREJO, Cé-sar A. *Análisis Matemático. Volumen II: Cálculo infini-tesimal de varias variables. Aplicaciones.* 7ª ed. Buenos Aires: Kapelusz, 1968.

[85] ROUDINESCO, Elisabeth. *La Batalla de Cien Años: Histo-ria del Psicoanálisis en Francia (2) (1925-1985).* Madrid: Fundamentos, 1993.

[86] RUCKER, Rudy. *Infinity and the Mind. The Science and Philosophy of the Infinite.* Princeton, New Jersey: Prin-ceton University Press, 1995.

[87] SAFOUAN, Moustapha, ed. *Lacaniana II. Los seminarios de Jacques Lacan 1964-1979.* Buenos Aires: Paidós, 2008.

[88] SHAPIRO, Stewart. *Foundations without Foundationa-lism. A Case for Second-Order Logic.* Oxford: Oxford University Press, 2000.

[89] SOKAL, Alan y BRICMONT, Jean. *Fashionable Nonsense: Postmodern Intellectuals' Abuse of Science.* 1ª ed. Lon-don: Picador, 1999.

[90] SOKAL, Alan y BRICMONT, Jean. *Imposturas intelectua-les.* 1ª ed. Barcelona: Paidós, 1999.

[91] SUZUKI, Shunryu. *Mente Zen, Mente de Principiante.* Buenos Aires: Estaciones, 1987.

[92] *Textos para pensar - EPBCN.* URL: http://www.epbcn. com / publicaciones - psicoanaliticas / tipo / textos - para-pensar/.

[93] *True Arithmetic - Wikipedia.* URL: http : / / en . wikipedia . org / wiki / True _ arithmetic (visitado 01-04-2013).

[94]   Tubau, Elisabet y col. «Aprendizaje de lenguajes de pro-
       gramacion en la propia lengua: experiencia de valora-
       ción comparativa». En: *Informática y Escuela*. Madrid:
       Ministerio de Educación y Ciencia, 1984, pp. 439-444.
       URL: http : / / www . epbcn . com / pdf / jose - maria -
       blasco / 1984 - 11 - Aprendizaje - de - lenguajes - de -
       programacion - en - la - propia - lengua - experiencia -
       de-valoracion-comparativa.pdf.

[95]   Tubau, Elisabet y col. «Valoración pedagógica de las op-
       ciones lingüísticas del lenguaje experimental UBL en la en-
       señanza de la programación». En: I *Jornadas Nacionales
       sobre Informática en la Enseñanza*. Barbastro: Universi-
       dad Nacional de Educación a Distancia - Centro asociado
       de Barbastro, 1984, pp. 89-100. URL: http://www.epbcn.
       com/pdf/jose-maria-blasco/1984-07-valoracion-
       pedagogica - de - las - opciones - linguisticas - del -
       lenguage - experimental - ubl - en - la - ensenanza - de -
       la-programacion.pdf.

[96]   Vappereau, Jean-Michel. *Estofa. Las superficies topoló-
       gicas intrínsecas*. Buenos Aires: Kliné, 1988.

[97]   Veà, Andreu. *Cómo creamos internet*. 1ª ed. Barcelona:
       Península, 2013.

[98]   Žižek, Slavoj. *¿Quién dijo totalitarismo?* 1ª ed. Valencia:
       Pre-Textos, 2002.

[99]   Žižek, Slavoj. *Revolution at the gates. Žižek on Lenin*.
       London: Verso, 2002.

[100] Zubkow, Viviana L. *Psicoanálisis y ciencia. Formali-
       zación*. URL: http : / / www . psico . unlp . edu . ar /
       segundocongreso/pdf/ejes/psicoan/079.pdf (visitado
       01-04-2013).

NOMBRES PROPIOS

CONCEPTOS LÓGICOS Y MATEMÁTICOS

SOBRE EL AUTOR

Josep Maria Blasco Comellas (Barcelona, 1960) es licenciado en Matemáticas por la Universidad de Barcelona (UB, 1982), informático y psicoanalista. Ha cursado estudios de Doctorado en Informática (Facultad de Informática de Barcelona - UPC) y Lógica y Fundamentos de las Matemáticas (Departamento de Lógica, Historia y Filosofía de la Ciencia, Facultad de Filosofía, UB).

En 1996, funda el Espacio Psicoanalítico de Barcelona, que codirige con Juan Carlos De Brasi desde 2000.

Para más detalles, puede consultarse la sección *Cronología imprescindible* en la página xvii.

Balmes, 32, 2º 1ª
08007 Barcelona
+34 93 454 89 78

jose.maria.blasco@epbcn.com
http://www.epbcn.com/equipo/jose-maria-blasco/
http://www.epbcn.com/web/jose-maria-blasco/